Educomunicação

Coleção Educomunicação

- Educomunicação: construindo uma nova área de conhecimento
  Maria Cristina Castilho Costa e Adilson Citelli (orgs.)

- Educomunincação: imagens do professor na mídia
  Adilson Citelli (org.)

- Educomunicação: o conceito, o profissional, a aplicação; contribuições para a reforma do Ensino Médio
  Ismar de Oliveira Soares

- Educomunicação: recepção midiática, aprendizagem, cidadania
  Guillermo Orozco Gómez

- Educomunicação: para além do 2.0
  Roberto Aparici (org.)

- Educomunicação: formação pastoral na cultura digital
  Helena Corazza

Helena Corazza

Educomunicação

Formação pastoral na cultura digital

Paulinas

Dados Internacionais de Catalogação na Publicação (CIP)
(Câmara Brasileira do Livro, SP, Brasil)

Corazza, Helena
   Educomunicação : formação pastoral na cultura digital / Helena Corazza.
   – São Paulo : Paulinas, 2016. – (Coleção educomunicação)

   ISBN 978-85-356-4165-3

   1. Comunicação - Aspectos religiosos 2. Comunicação e educação 3. Missão
da Igreja 4. Serviços pastorais - Igreja Católica I. Título. II. Série.

16-03409   CDD-371.1022

Índices para catálogo sistemático:
1. Educomunicação   371.1022

1ª edição – 2016

Direção-geral:
Bernadete Boff

Editora responsável:
Roseane Gomes Barbosa

Copidesque:
Mônica Elaine G. S. da Costa

Coordenação de revisão:
Marina Mendonça

Revisão:
Ana Cecília Mari

Gerente de produção:
Felício Calegaro Neto

Projeto gráfico:
Wilson Teodoro Garcia

Diagramação:
Jéssica Diniz Souza

Paulinas

Rua Dona Inácia Uchoa, 62
04110-020 – São Paulo – SP (Brasil)
Tel.: (11) 2125-3500
http://www.paulinas.org.br – editora@paulinas.com.br
Telemarketing e SAC: 0800-7010081
© Pia Sociedade Filhas de São Paulo – São Paulo, 2016

Às Filhas de São Paulo (Irmãs Paulinas), pelos 100 anos de sua fundação 1915-2015, na cidade de Alba (Itália), cuja primeira fundação no exterior foi no Brasil, na cidade de São Paulo. Pioneiras em atuar nos meios de comunicação para evangelizar, ocupando o espaço público, hoje presentes em 51 países dos cinco continentes.

Aos agentes pastorais e educadores que trabalham em favor de uma comunicação dialógica e participativa, nas diversas formas e linguagens, tornando-se "intelectuais orgânicos" no âmbito da pastoral.

A todas e todos que fazem parte da história do SEPAC.

Sumário

Lista de abreviaturas e siglas

ALER – Associação Latino-americana de Educação Radiofônica

AMI – Alfabetização Midiática e Informacional

CAPES – Coordenação de Aperfeiçoamento de Pessoal de Nível Superior

CELAM – Conselho Episcopal Latino-Americano

CNBB – Conferência Nacional dos Bispos do Brasil

DECOS – Departamento de Comunicação Social (América Latina e Caribe)

ECA/USP – Escola de Comunicações e Artes – Universidade de São Paulo

NCE/USP – Núcleo de Comunicação e Educação – Universidade de São Paulo

NOEI – Nova Ordem Econômica Internacional

NOMIC – Nova Ordem Mundial da Informação e da Comunicação

OCIC – Organização Católica Internacional de Cinema

PASCOM – Pastoral da Comunicação

PCCS – Pontifício Conselho para as Comunicações Sociais (Vaticano)

SEPAC – Serviço à Pastoral da Comunicação (Paulinas)

SIGNIS-Brasil – Associação Católica de Comunicação

UCBC – União Cristã Brasileira de Comunicação

UNDA – União de Radiodifusão Católica

UNESCO – Organização das Nações Unidas para a Educação, a Ciência e a Cultura

Abreviaturas – documentos da Igreja

AN – *Aetatis Novae* – Uma revolução nas comunicações – Instrução Pastoral do Pontifício Conselho para as Comunicações Sociais (1992)

CP – *Communio et Progressio,* sobre os meios de comunicação social (1971)

DAp – Documento de Aparecida

ECS – Ética nas Comunicações Sociais (2000)

EG – *Evangelii Gaudium* – A alegria do Evangelho – Papa Francisco (2013)

IM – *Inter Mirifica* – Decreto do Concílio Vaticano II sobre os meios de comunicação social (1963).

MP – *Miranda Prorsus* – Carta Encíclica sobre cinema, rádio e televisão (1957)

RM – *Redemptoris Missio* – Carta Encíclica de João Paulo II sobre a validade permanente do mandato missionário (1992)

RD – *Rápido Desenvolvimento* – João Paulo II (2005)

VC – *Vigilanti Cura* – Carta Encíclica sobre o cinema – Papa Pio XI (1936)

Prefácio

A comunicação ocupa, em nosso tempo, um espaço estratégico, o que lhe faculta enorme capacidade de interferir, constituir, definir, redefinir, orientar os andamentos da vida associativa. Particularmente as instituições, de um ou outro modo, com maior ou menor intensidade, vêm desenvolvendo, junto à sociedade, mecanismos para expandir o espectro pragmático de suas mensagens, valores, conceitos, símbolos. E aqui não se trata, apenas, de fazer valer ideários, visões de mundo, compreensões das coisas, mas, sobretudo, de encontrar os dispositivos mais ajustados à finalidade de alcançar corações e mentes. Tal movimento, caracterizado por intensos jogos de linguagem, segundo a conhecida teorização feita por Wittgenstein, percorre as formações discursivas e disputa os territórios dos sentidos no campo da política, das crenças, da publicidade, das representações, da educação, das igrejas, ou de compósitos formados por vários destes constituintes expressivos.

Em uma palavra, as instituições se apresentam socialmente através de ordens discursivas que, para ganharem aceitação e alcançarem realização pragmática, dependem do acionamento de estratégias comunicativas dotadas, ao mesmo tempo, de pertinência e de mediadores técnicos/tecnológicos aptos a garantir circulação do que se deseja dar a público. A despeito de as formas presenciais de comunicação seguirem outras dinâmicas e registros, delas não se afastam, necessariamente, em nossos dias, os residuais ou mesmo a dominância das mediações técnicas vindas das redes analógicas ou digitais. Por exemplo, faz parte das aulas ministradas nas unidades escolares, conquanto proferidas segundo estratégias tradicionais, um estoque de informações e linguagens não escolarizadas – trazidas residualmente por alunos e mesmo professores – que podem ser fontes, inclusive, de conflitos derivados das distonias entre os ritmos cadenciados das aulas e as provocações facultadas pelo tempo acelerado característico do rádio, da televisão e, particularmente, dos sistemas digitais expressos na internet, nos videojogos, nos aplicativos à moda do facebook, youtube, whatsapp. É compreensível, neste contexto, que o cruzamento de temporalidades, linguagens e dispositivos distintos traga dificuldades para o exercício cotidiano das ações didáticas e pedagógicas nas salas de aula do ensino formal ou mesmo não formal. A boa equação destas distonias surge como um desafio que os educadores enfrentam e enfrentarão para mais bem equacionar as relações de ensino/aprendizagem.

As observações anteriores parecem acompanhar o presente livro, que é resultado de ajustes editoriais à tese de doutorado defendida pela autora, e aprovada junto ao Programa de Pós-graduação em Ciências da Comunicação, da Escola de Comunicações e Artes/USP, sob o título *Educomunicação: caminhos e perspectivas na formação pastoral. A experiência do Serviço à Pastoral da Comunicação (SEPAC).* O que se lerá nas páginas seguintes, agora sob o nome de *Educomunicação: formação pastoral e cultura digital*, combina três desafios de pesquisa: localiza uma instituição, a Igreja Católica/SEPAC; um problema de comunicação voltado à formação educativa referida aos serviços pastorais; um desafio procedimental, remetido às estratégias educomunicativas e aos recursos facultados pelos mediadores técnicos e tecnológicos para se prover a melhor comunicação evangelizadora.

Ao fim e ao cabo, evidencia-se a tese de que é possível educar para a comunicação, segundo certas escolhas educomunicativas (valorização do outro, abertura dialógica, preocupação com os constituintes da cidadania, ensino-aprendizagem animado por projetos etc.). As inter-relações franqueadas por este conjunto teórico-metodológico, pelo domínio de certas linguagens, pela funcionalidade traduzida em mediadores técnicos e pelos alcances perlocucionais permitiram, segundo largamente demonstrado pela autora, qualificar lideranças culturais, sociais e pastorais para o exercício competente, responsável, analítico-crítico, da comunicação. Ou, nos termos enunciados no livro: "A comunicação é, hoje, um eixo que articula a sociedade e as pastorais, uma área complexa e desafiadora, sobretudo para quem assume a missão de evangelizar servindo-se da mídia e das redes sociais. Por isso, além dos valores éticos que a caracterizam, há um modo de comunicar na Igreja e nas pastorais que tem, em sua base, a educação para a comunicação".

Como se verifica, existe um desafio que o SEPAC – objeto empírico último da pesquisa – tem procurado enfrentar através dos cursos e demais atividades que promove, qual seja, o de pensar a formação dos agentes religiosos para a evangelização. E mesmo para outras atividades que podem incluir a implantação de novas estratégias nas salas de aula da educação formal, dada a frequência, nos cursos ministrados pelo SEPAC, de professores advindos dos diferentes níveis de ensino, ou mesmo de profissionais que já atuam junto aos meios de comunicação.

O volume de que tratamos, lido em sua angulação maior, percorre uma série de assuntos de interesse no campo da comunicação, do qual pontuamos: democratização (estudos de mediação); Educomunicação (educação para a comunicação, formação profissional para a comunicação, metodologias para o trabalho com a comunicação); mediações e estratégias de comunicação (questões de linguagem, acionamento de dispositivos midiáticos); além de referências mais vinculadas à Igreja Católica (análise de documentos institucionais da Igreja latino-americana e mundial, pesquisas sobre o pensamento da Igreja, Igreja e comunicação, ciberteologia, cristianismo em tempos de redes sociais); evangelização (trabalhos pastorais, tipos intelectuais de evangelizadores), para generalizarmos um conjunto de problemas de extrema relevância dirigidos ao debate seja no interior da própria Igreja Católica seja nas interfaces comunicação/educação.

Especialmente o quarto capítulo do volume se detém na exposição do que a autora chama de metodologia integrada para pensar, produzir, conviver no processo de produção da comunicação e seu uso na experiência dos alunos dos cursos promovidos pelo SEPAC. Vale dizer, está em causa pensar a comunicação enquanto processo que requisita, para a sua pertinente realização, segundo a proposta educomunicativa, os movimentos reflexão-ação, assim como o estímulo ao trabalho coletivo e ao relacionamento produtivo entre as pessoas. Nos termos da autora: "Trata-se de uma formação para ser e atuar, focando o ser humano em sua interação e convivência na sociedade, com as tecnologias e o ambiente comunicativo". Entendemos que, neste passo, o livro oferece a sua maior contribuição, visto expor detalhadamente os mecanismos teórico-práticos que possibilitam aos sujeitos cursistas a realização dos produtos comunicativos apoiados nos processos de reflexão e no procedimento participativo.

Para mostrar os resultados deste investimento metodológico, Helena Corazza analisa uma série de trabalhos desenvolvidos pelos discentes dos cursos ministrados pelo SEPAC, estejam eles traduzidos em monografias de conclusão, em fichas de avaliação, nos memorandos com manifestações dos cursistas etc. Chama atenção o perfil dos participantes: padres, lideranças comunitárias, seminaristas, radialistas, professores, profissionais liberais, muitos deles com formação acadêmica em Filosofia e Teologia, sendo alguns portadores de títulos de mestre e doutor. O elemento que os unifica é o fato de estarem, fundamentalmente, voltados às atividades pastorais e de evangelização. E para levar a termo tal objetivo, de forma procedente e mais bem equacionada às demandas da sociedade midiatizada, os cursistas são instados à produção de programas de rádio e televisão, jornais, confecção de roteiros, elaboração de sites.

Cabe atentar para a minuciosa exposição feita por Helena Corazza acerca da metodologia chamada de integradora – adotada pelo SEPAC –, marcada por nexos teórico-práticos e elaborada sob a tríade pensar, produzir, conviver. E que cumpre os seus objetivos de formar para a comunicação, conforme vários depoimentos dos cursistas arrolados no livro e dos quais extraímos dois exemplos: "O curso me proporcionou, também, uma visão diferente quanto ao pensar e fazer comunicação na Igreja, dar mais profissionalismo aos meios católicos"; "Após o curso implementamos a formação da PASCOM diocesana, demos novo impulso aos nossos meios: rádio, site; hoje temos WebTV e trabalhamos com Redes Sociais". Ou, ainda, nas palavras da autora: "Tal como numa equipe de trabalho, pensa-se e planeja-se a produção, vai-se a campo em busca da informação, adotando técnicas de redação e de entrevista, fazendo a avaliação, sem esquecer o lugar de onde se fala. Busca-se que as pessoas se capacitem nas diferentes áreas pastorais e educativas para adquirirem conhecimento e habilidades e produzirem a partir de suas realidades e comunidades".

Em face do exposto, é auspicioso o lançamento deste volume, visto oferecer dados originais de pesquisa e empreender reflexão envolvendo assuntos de interesse para os estudos de comunicação e educação, nomeadamente naquele segmento que promove interfaces com o discurso religioso.

Adilson Citelli
Prof. Dr. Titular da Escola de Comunicações e Artes
da Universidade de São Paulo (ECA/USP)

Introdução

Esta obra pretende contribuir com a Educação para a Comunicação, Educomunicação, voltada à pastoral e ao ambiente educativo. A palavra Educomunicação pode ser ainda pouco conhecida, mas ela reúne o conceito de educação e de comunicação embasada nos valores humanos e cidadãos, sendo que o comprometimento social e de transformação da realidade são parte integrante também na cultura digital. Em sua base teórica ela recupera os valores da comunicação popular, aplicada pela Igreja na América Latina, sobretudo a partir da década de 1960, que contem em sua origem o diálogo e a participação das pessoas e sua ação no mundo.

A comunicação é, hoje, um eixo que articula a sociedade e as pastorais, uma área complexa e desafiadora, sobretudo para quem assume a missão de evangelizar servindo-se da mídia e da linguagem digital em tempos de rede. Por isso, além dos valores éticos que a caracterizam, há um modo de comunicar na Igreja e nas pastorais que tem, em sua base, a educação para a comunicação.

A comunicação nas pastorais também requer mudança de mentalidade para entrar em sintonia com as pessoas na linguagem do cotidiano, perpassada pela cultura da mídia. No processo da educação da fé, nas pastorais e em outros âmbitos, a Educomunicação está presente, conforme *Estudos da CNBB*, 101, e *Diretório de Comunicação da Igreja no Brasil*.

Educomunicação e Pastoral são dois campos de estudo e de atuação com aspectos comuns, que unem reflexão e práticas e expressam o *ser* e o *atuar* na sociedade. O tema da Educomunicação está em evidência como objeto de pesquisas acadêmicas e sua aplicação no campo da educação formal e na formação pastoral. Se a Educomunicação aponta caminhos novos na inter-relação comunicação e educação, a formação requer revisão de métodos e linguagens, por inserir-se na ambiência da comunicação como cultura, tanto na forma presencial quanto mediada pela técnica em que os sujeitos estão imersos em seu cotidiano.

As mudanças culturais e sociais, onde as tecnologias fazem parte do cotidiano e do relacionamento, afetam a educação para a comunicação no espaço formal e não formal. Nesta mudança cultural estão em jogo valores e princípios de uma sociedade que tem na escola o lugar da socialização e da formação do cidadão, que convive com a "escola sem muros" da sociedade midiatizada.

A Educomunicação pastoral é o propósito desta publicação, fruto da tese "Educomunicação: caminhos e perspectivas na formação pastoral. A experiência do Serviço à Pastoral da Comunicação (SEPAC)".[1] Faz-se um percurso teórico sobre a construção do conceito deste campo em construção, seu referencial teórico, a formação para a comunicação na Igreja Católica, as novas linguagens existentes na prática da comunicação multimídia e digital, uma proposta metodológica de formação com anos de experiência no SEPAC, iniciado em 1982 com o objetivo de formar lideranças para o campo pastoral e educativo. Falar de Educomunicação, portanto, é trazer à memória e atualizar as reflexões e práticas do processo comunicacional que considera as pessoas como sujeitos e trabalha valores na formação de agentes pastorais, a partir da educação não formal.

A formação para a comunicação traz aqui o conceito de capacitação para *pensar* e *atuar* em ambientes comunicativos, mediante o compromisso com valores humanos e de cidadania, de modo que o sujeito possa ser ator social na área da pastoral e da educação educomunicativa. O conceito de Educomunicação, empregado por Mário Kaplún, na década de 1980, foi ressemantizado pelo Núcleo de Comunicação e Educação (NCE) da ECA/USP, como um campo de ação emergente na interface entre as áreas de comunicação e educação. A Educomunicação é uma expressão de reconhecimento da centralidade da comunicação.

> Trata-se de expressão que não apenas indica a existência de uma nova área que trabalha na interface comunicação e educação, mas também sinaliza para uma circunstância histórica, segundo a qual os mecanismos de produção, circulação e recepção do conhecimento e da informação se fazem considerando o papel da centralidade da comunicação (CITELLI, 2011, p. 7).

Em termos de inter-relação Comunicação e Educação, ou simplesmente Educomunicação, este trabalho se apoia em autores como Adilson Citelli, Ismar de Oliveira Soares e Martín-Barbero, que trabalham a educação a partir da comunicação. Este é um campo de mediações e de busca de novos caminhos e linguagens quanto aos paradigmas da modernidade e pós-modernidade. Entendido como "novo campo, por

---

[1] Tese defendida no Programa de Pós-Graduação em Comunicação (PPGCOM) da Escola de Comunicações e Artes da Universidade de São Paulo (ECA-USP). Linha de pesquisa: Interfaces Sociais de Comunicação, 2015. O SEPAC foi criado em 1982, com a missão de capacitar lideranças culturais e sociais na área da comunicação, qualificando a atuação profissional, cultural e pastoral, na totalidade do ser humano (www.paulinas.org.br/sepac).

sua natureza relacional, estrutura-se de um modo processual, midiático, transdisciplinar e interdiscursivo, sendo vivenciado na prática dos atores sociais, através de áreas concretas de intervenção social" (SOARES, 2011, p. 25), como: da Educação para a Comunicação, da mediação tecnológica, da gestão da comunicação e da reflexão epistemológica.

Falar de Educomunicação é pensar no sujeito interlocutor, sua autonomia e relação com a sociedade e possibilidades de interferir no processo, conforme Freire (1996) e Kaplún (2011). Há aqui um diálogo com diversos autores que trabalham a questão do sujeito e sua autonomia que está ligada ao meio ambiente, às relações intersubjetivas e traz o paradigma da pluralidade, afirmando que precisamos de uma concepção complexa do sujeito (MORIN, 2000a, p. 117-128).

O conceito de mediação que Martín-Barbero introduz "desloca o olhar dos meios para as mediações, isto é, para as articulações entre práticas de comunicação e movimentos sociais, para as diferentes temporalidades e para a pluralidade das matrizes culturais" (MARTÍN-BARBERO, 1987, p. 203). Trata-se de um deslocamento da análise do meio de comunicação, propriamente dito, para onde o sentido é produzido, para o âmbito dos usos sociais, no qual ocorrem as "mediações culturais da comunicação".

Em nossa análise, queremos entender a mediação educomunicativa do SEPAC na formação para a comunicação como um espaço de criação, elaboração e reelaboração da comunicação, assim expressa: "a comunicação é questão de sujeitos, de atores e não só de aparatos e de estruturas; a comunicação é questão de cultura, culturas e não só de ideologias; a comunicação é questão de produção e não só de reprodução" (MARTÍN-BARBERO, 1995, p. 150).

As discussões sobre a "questão da técnica", seu uso instrumental e a essência da técnica, também compreendida como a atitude de quem faz algo e se serve de instrumentos técnicos, é hoje uma temática complexa. "Enquanto representarmos a técnica como instrumento, ficaremos presos à vontade de querer dominá-la. Todo o nosso empenho passará por fora da essência da técnica" (HEIDGGER, 1993, p. 35). O que se busca, neste estudo, é compreender as linguagens a partir da comunicação enquanto cultura e apropriação. André Lemos discute a questão de técnica e tecnologia, dizendo que é preciso superar o sentido que os gregos deram à *Tekhnè*, o saber das coisas práticas, separando-o de *Epistemé*, o saber da contemplação teórica, o que gerou a cisão entre o conhecimento teórico e prático (LEMOS, 2002, p. 25 a 57).

A educação para a comunicação está situada no contexto de uma sociedade midiatizada, por isso explicita alguns referenciais teóricos da comunicação e, a partir dela, considera-a como processo relacional tanto a presencial quanto a mediada pelas tecnologias de massa e digitais. A formação envolve e analisa o processo de produção em diferentes linguagens, que expressam novos modos de narrar e de estar juntos, de sociabilidades. As linguagens são entendidas não apenas como técnicas de produção, mas "a linguagem em movimento" para expressão e circulação do pensamento em diferentes formatos. Tratar das linguagens é contribuir para que a Educomunicação possa tê-las presente no processo formativo e no diálogo com a sociedade contemporânea.

Não se pretende, também, entrar na discussão filosófica ou linguística, mas apenas nos servirmos de conceitos a serem aplicados à reflexão e à prática, adotados pelo SEPAC como metodologia. Tais conceitos supõem uma visão integrada e global que envolve o conhecimento teórico e o domínio da técnica, sobretudo na comunicação digital. Trata-se de aproximar a linguagem verbal em suas diferentes manifestações, como sonora, imagética e digital, da diretriz vinculada à produção e à circulação da palavra nos meios de comunicação (CITELLI, 2006).

Nesta visão das mudanças de compreensão das linguagens comunicacionais e sua relação com a educação, alguns autores as discutem a partir da imagem e dos desafios dessa leitura para o uso didático do vídeo (FERRÉS, 1996); outros procuram compreender a geração do audiovisual e do computador a partir de uma nova lógica para o diálogo com as novas gerações (BABIN, 1989; 2005). As novas linguagens trazem a visão de abrangência e do envolvimento por uma "linguagem total" e uma nova pedagogia dos meios de comunicação (GUTIERREZ, 1978), as linguagens na cultura digital da Cibercultura (LEMOS, 2002), a conversação na Rede (RECUERO, 2012).

No que concerne ao campo da formação para a comunicação e à Pastoral da Comunicação, o apoio se dará em documentos e estudos da Igreja Católica em nível mundial, latino-americano e de Brasil (DA-RIVA, 2003); estudos da Conferência Nacional dos Bispos do Brasil (CNBB, 2011, 2014), em pesquisas sobre o pensamento da Igreja e suas práticas comunicacionais, bem como sobre a necessidade da formação na área (PUNTEL, 1994, 2005, 2010). Também incluiremos em nosso referencial algum aspecto no contexto da Ciberteologia e como pensar o Cristianismo nos tempos de Rede e a temática das Redes Sociais na Igreja (SPADARO, 2012, 2013).

Este projeto estrutura-se em cinco capítulos:

O *primeiro capítulo* apresenta a Educomunicação e a formação pastoral. Resgata o processo de construção do conceito de Educomunicação e algumas pesquisas na área e as interfaces comunicação e educação. Retoma tópicos da trajetória de busca por uma comunicação democrática e participativa em autores latino-americanos que trabalham a comunicação na dimensão antropológica, dialógica, participativa e interativa, tendo o interlocutor como sujeito do processo. Explicita o conceito de pastoral e de evangelização e algumas pesquisas sobre comunicação e Igreja.

O *segundo capítulo* trabalha a educação para a comunicação na formação pastoral apoiada nos documentos e estudos da Igreja Católica, em nível mundial, latino-americano e brasileiro. A formação é considerada em três eixos comunicacionais: o processo humano, a reflexão e a produção nas temáticas: formação para a comunicação, dimensão social, visão integrada, formação para o senso crítico e para a produção, interface e transversalidade, comunicação no espaço educativo, a intervenção com políticas de comunicação, a organização e os desafios da formação na cultura digital.

O *terceiro capítulo* aborda as linguagens e a reconfiguração dos modos de narrar em suas diferentes expressões: verbal, sonora, escrita, imagética, e como elas mudam as formas de perceber o mundo e de produzir. Sendo as linguagens consideradas, muitas vezes, apenas técnicas, o conceito de dispositivo envolve as combinações existentes nas linguagens, impressa, audiovisual, digital, com suas lógicas e as novas configurações com a Cibercultura e a conversação nas Redes.

O *quarto capítulo* apresenta uma metodologia integrada para pensar, produzir, conviver no processo de produção da comunicação e sua aplicação na experiência dos cursistas. Uma metodologia teórico-prática que possibilita ao sujeito a produção a partir da reflexão e no método participativo, uma experiência que se desdobra em projetos de continuidade.

O *quinto capítulo* traça considerações sobre o sujeito, as práticas de comunicação na evangelização, comunicação e pastoral e na análise dos meios de comunicação e as interfaces, bem como sobre a existência do que se denomina "Intelectual orgânico". Aponta caminhos e perspectivas da Educomunicação na pastoral e na evangelização, buscando ser um estilo de vida no contexto contemporâneo.

Capítulo 1

Educomunicação e formação pastoral

A comunicação é questão de sujeitos,
de atores, e não só de aparatos e de estruturas;
a comunicação é questão de cultura, culturas,
e não só de ideologia; a comunicação é questão
de produção, e não só de reprodução.
(Jesús Martín-Barbero)

Educomunicação e pastoral são dois campos de estudo e de atuação com aspectos comuns que unem reflexão e práticas e expressam o ser e o atuar na sociedade. Educomunicação reúne conceitos de educação, comunicação e suas inter-relações. Pastoral refere-se à ação da Igreja no mundo, que, aplicada ao campo comunicacional e utilizando-se dele, traz o conceito de educação na vivência e transmissão da fé.

As práticas educomunicativas carregam em si uma carga teórica de reflexão que as fundamentam tanto no espaço educativo quanto no da pastoral. A ligação entre teoria e prática estabelece uma dialética em que comunicação e educação se relacionam numa interação que requer um processo da comunicação dialógico e participativo.

No contexto latino-americano e brasileiro, a Educomunicação tem sua origem nas reflexões de comunicadores e educadores a partir de um contexto social e político que buscou a liberdade de expressão como prática de cidadania, para que o povo pudesse ser sujeito apropriando-se da palavra. Projetos internacionais foram organizados e aplicados em favor da democratização da comunicação, e levados adiante pelo movimento popular, pelas igrejas e instituições de comunicação, tendo em vista seu compromisso social e educativo.

Essa matriz de pensamento, que por alguns segmentos da educação formal, como política de comunicação à escola, e não formal, sobretudo as pastorais, é que originou o processo e a atuação educomunicativa, com projetos no Brasil, em diversos países da América Latina e em alguns países do mundo.

A abordagem da Educomunicação e da formação para a pastoral no campo da comunicação acompanha as pesquisas no processo de criação do conceito e sua aplicação no contexto atual em que a comunicação assume a centralidade nas práticas cotidianas, o que exige um repensar das mesmas no campo educativo e pastoral. A educação para a comunicação na pastoral indica uma modalidade de apresentar a fé cristã, tendo presente o ser humano concreto, com linguagem acessível e ações de intervenção em relação a diversas áreas da organização e do cuidado no campo da comunicação.

Estudos realizados indicam que a Educomunicação não é somente uma área de conhecimento em construção, mas uma forma de compreensão e posicionamento perante o modo atual de produção da cultura e da reconfiguração dos espaços comunicacionais, dos modos de narrar que exigem estudos interdisciplinares, sendo a Educomunicação um meio de reconhecimento da centralidade da comunicação, conforme Citelli (2011).

Comunicação e Educação são, pois, duas áreas de conhecimento que interagem, buscando ver a comunicação e a educação como processo relacional em construção. Neste sentido o campo da comunicação trabalha nas inter-relações, sinalizando que ela faz parte do cotidiano, na produção, circulação e mediação na sociedade contemporânea.

Nas pesquisas sobre comunicação, uma das visões que predominou até os anos 1970-80 foi o Funcionalismo norte-americano, que considera a comunicação a partir dos meios. Entretanto, a abordagem que marca este trabalho parte do conceito de mediação, que sinaliza um deslocamento na interpretação da comunicação: "o eixo do debate deve se deslocar dos meios para as mediações, isto é, para as articulações entre práticas de comunicação e movimentos sociais, para as diferentes temporalidades e para a pluralidade das matrizes culturais" (MARTÍN-BARBERO, 1997, p. 258). Esta abordagem também se aplica à área das práticas de comunicação nas pastorais, que expressam o ser e o agir das comunidades na vivência da fé e no diálogo com a sociedade.

Por sua vez, a expressão Pastoral da Comunicação (PASCOM) nasce do conjunto de duas realidades que interagem reciprocamente: comunicação e pastoral. Comunicação entendida como processo de relações entre as pessoas de forma presencial ou mediada pela técnica. A PASCOM define-se como "um processo dinâmico, dialógico, interativo e multidirecional" (CNBB, 2014, p. 14), o que requer pessoas que conheçam, compreendam, apliquem e assumam esta visão para as diferentes realidades da comunicação contemporânea.

Os documentos do magistério da Igreja recomendam a organização do campo específico que é a Pastoral da Comunicação e introduzem a transversalidade e o diálogo com outras áreas, pedindo que a comunicação faça parte das demais práticas pastorais, uma vez que tem sua contribuição a dar. A Igreja adverte que não é suficiente ter um plano de Pastoral da Comunicação, mas "é necessário que a comunicação faça parte integrante de todos os planos pastorais, visto que a comunicação tem, de fato, um contributo a dar a qualquer outro apostolado, ministério ou programa" (PCCS, 1992, p. 29).

Trabalhando neste campo em construção que é a Educomunicação, pelos estudos já existentes mais aplicados à educação formal, entendemos que é possível aplicar e identificar este conceito para o campo da pastoral. A partir da reflexão e das práticas de comunicação popular, a formação para a comunicação acontece de forma contínua na experiência do SEPAC, um projeto de comunicação, iniciado em 1982, voltado à formação para a comunicação na pastoral. Criado num contexto em que se buscava a democratização da comunicação no País, seu objetivo é formar e capacitar multiplicadores para o campo da comunicação para terem voz na sociedade e se tornarem sujeitos do processo comunicacional.

Políticas pela democratização e educação para a comunicação

As discussões sobre o modelo de comunicação voltado à educação, que incluísse a visão política e cultural, alimentaram um debate internacional, após a Segunda Guerra Mundial, quando a UNESCO (Organização das Nações Unidas para a Educação, a Ciência e a Cultura) voltou-se para o combate ao analfabetismo e aos trabalhos de educação para a comunicação, ante a dominação cultural dos países ricos sobre os países pobres. Em 1961 formou-se um movimento dos países não alinhados, contando com mais de cem membros em vista da NOMIC (Nova Ordem Mundial da Informação e da Comunicação), segundo Puntel

> concebido no contexto de luta contra o colonialismo e no aumento da polarização das relações internacionais, resultante da Guerra Fria, o movimento centralizou seus princípios fundamentais na paz, no desarmamento e na independência – incluindo a autodeterminação e a igualdade econômica e cultural (PUNTEL, 1994, p. 293-294).

A NOMIC, referendada na Conferência Geral da UNESCO e na Assembleia Geral das Nações Unidas, em 1978, situa-se no contexto do desenvolvimento das instituições de comunicação, em que muitas nações novas eram influenciadas pela difusão-modernização de grupos norte-americanos. Segundo Puntel, "Este grupo concebeu esse desenvolvimento como transferência de tecnologia das nações industrializadas para o setor modernizante das elites das nações menos desenvolvidas e, através destas elites, para os grupos urbanos e rurais de nível mais baixo" (PUNTEL, 1994, p. 294).

A XIX Conferência Geral da UNESCO, realizada em Nairóbi (1976), reconheceu que os sistemas de comunicação das nações desenvolvidas apresentavam ainda estado de dependência e "enfatizou a importância do fluxo livre e equilibrado da informação e a necessidade de intensificar os esforços para eliminar o desequilíbrio que caracterizava as relações entre as nações industrializadas e o Terceiro Mundo" (PUNTEL, 1994, p. 300-301). Diante disso, a UNESCO patrocinou vários encontros sobre o tema em países da América Latina e uma comissão internacional elaborou um relatório conhecido como McBride, publicado no Brasil com o título "Um mundo e muitas vozes" (1983). Esta proposta em favor da democratização da comunicação e da informação foi assumida por pesquisadores e pelas igrejas cristãs, o que resultou em muitos dos trabalhos na América Latina e no Brasil, entre eles o "Documento de Quito", resultado do seminário realizado de 29 de abril a 2 de maio de 1982, na cidade de Quito, Equador, e o "Documento de Embu", resultado do seminário realizado na cidade de Embu das Artes, SP, de 8 a 12 de outubro de 1982.

Ao trabalhar as aproximações entre comunicação e educação e a emergência de um novo campo, Soares (1999) faz um percurso falando da "leitura crítica dos meios" e dos propósitos da UNESCO com o Relatório McBride. Nos anos 1980 a UNESCO deixa de se preocupar com a influência do Primeiro sobre o Terceiro Mundo e passa a se preocupar com a educação formal e os meios de informação. Para Soares, é neste momento que entra Martín-Barbero, mudando o foco da discussão que era o de como se defender dos efeitos negativos dos meios, para "como o sistema de educação deve entender o sistema dos meios e construir ecossistemas comunicativos a partir da realidade mediática em que estamos todos inseridos" (SOARES, 1999, p. 22). Desenvolvem-se, então, linhas de pesquisa mais voltadas às tecnologias da informação denominada *Media Education* ou "educação para os meios". Com esse intuito, a UNESCO promove diversos seminários, na segunda metade dos anos 1990, em algumas cidades da América Latina como Santiago, Chile (1984); Curitiba, Brasil (1986); Buenos Aires, Argentina (1988) e Las Vertientes, Chile (1990).

> *Seminários de Educação para a Televisão*, onde se consolidou o princípio de que o ideal seria que os programas de educação para a recepção incluíssem a análise das produções dos meios, o uso dos mesmos como instrumentos de expressão criativa, tendo como objetivo último o fortalecimento da democratização da comunicação em todo o continente (SOARES, 1999, p. 29-30).

Por sua vez, nos Estados Unidos adota-se a terminologia *Media Literacy*, que, mesmo tendo se iniciado nos anos 1970, obteve maior visibilidade nos anos 1990, e está mais voltada à alfabetização midiática e à formação de professores com visão mais centrada na alfabetização da mídia.

Depois da mudança de posição em relação à proposta da NOMIC, na assembleia de 1989, Puntel assinala que a UNESCO adotou "uma nova estratégia no campo da comunicação" que consiste em "desenvolver o treinamento de profissionais de comunicação e as facilidades para uma educação sobre a mídia, o que ressaltaria o desenvolvimento da capacidade crítica" (PUNTEL, 1994, p. 308). Essa estratégia se reflete nos projetos atuais voltados à formação de professores, denominados *Media literacy*, preocupados com a alfabetização para a mídia, a compreensão do fenômeno e, ao mesmo tempo, serem também produtores de informação.

A proposta do Manual da UNESCO (2013), para as escolas, também difundido e aplicado no Brasil, tem seu foco na formação de professores, com o objetivo de "sensibilizá-los para a importância da informação e da *literacia mediática* no processo de educação, que lhes permitam integrar informações e educação para os *media* no seu ensino e proporcionar-lhes métodos e currículos pedagógicos apropriados". Esse manual para professores afirma que "A Matriz Curricular e de Competências em AMI (Alfabetização Midiática Informacional), da UNESCO, combina duas áreas distintas – a alfabetização midiática e a alfabetização informacional – em um único conceito: alfabetização midiática e informacional" (UNESCO, 2013, p. 18). O sentido de AMI é assim especificado:

> Sigla de alfabetização midiática e informacional, que se refere às competências essenciais (conhecimentos, habilidades e atitudes) que permitem que os cida-

dãos engajem-se junto às mídias e outros provedores de informação de maneira efetiva, desenvolvendo o pensamento crítico e a aprendizagem continuada de habilidades, a fim de socializarem-se e de tornarem-se cidadãos ativos (UNESCO, 2013, p. 182).

Soares pontua que o conceito atribuído a *Mídia-Educação* traduz a preocupação da educação formal com a mídia, tanto no sentido de analisá-la quanto no de usá-la como recurso para garantir a melhoria da educação. O que está em jogo aqui "é a relação entre o sistema de ensino e o sistema midiático visto sob a ótica da eficiência do ensino, replicando modelos europeus ou norte-americanos *media education, media literacy*" (SOARES, 2008, p. 47). A partir dessas referências é possível perceber e considerar que há diferentes visões em relação ao entendimento na relação comunicação e educação – algumas mais voltadas à leitura dos meios como nova alfabetização, outras à leitura crítica das imagens e dos conteúdos, revelando suas diretrizes educativas.

Processo de construção do campo da Educomunicação

Há um processo histórico das práticas de comunicação da América Latina e sua contribuição a partir de ações comprometidas nos campos de reflexão, análise e produção, a partir dos anos 1960, que são referências para o conceito da Educomunicação. Para Soares, as realidades vividas no contexto dessa década nas experiências, a partir da formação, foram assumidas pelo movimento popular e por organizações católicas de comunicação, realizando cineclubes com intelectuais ou discussões em paróquias e escolas católicas. Na década de 1970, com a "leitura crítica dos meios", desenvolvem-se projetos, sobretudo, com a análise da televisão, a comunicação para o desenvolvimento, a comunicação como resistência cultural, na década de 1980, e a influência dos Estudos Culturais a partir dos anos 1990 (SOARES, 2014, p. 8-27).

O conceito de Educomunicação, empregado pelo comunicador argentino/uruguaio Mário Kaplún, na década de 1980, em seu trabalho de educar pelo rádio, foi ressemantizado pelo Núcleo de Comunicação e Educação (NCE) da ECA/USP, no final de 1999, como um campo de intervenção social na interface entre a comunicação e a educação. Para Soares, "foi justamente este termo que o NCE/USP elegeu para classificar o que havia descoberto em 1998, ao concluir uma pesquisa junto a agentes culturais de 12 países da América Latina, Portugal e Espanha: a emergência de um novo campo de intervenção social" (SOARES, 2008, p. 43).

O conceito Educomunicação quer indicar um conjunto de elementos, para além dos meios de comunicação, reconhecidos nas práticas dos agentes culturais, como constitutivos de um novo modo de se trabalhar a interface comunicação e educação. Dessa forma, a Educomunicação foi descrita pelo NCE/USP como o

> conjunto das ações inerentes ao planejamento e avaliação de processos, programas e produtos de comunicação implementados com intencionalidade educativa, destinado a criar e fortalecer ecossistemas comunicativos abertos, criativos, sob a perspectiva da gestão compartilhada e democrática dos recursos da informação no processo da aprendizagem (SOARES, 2008, p. 43-44).

Para Soares, esta compreensão do conceito se move num *ecossistema comunicativo*, não necessariamente com a presença das tecnologias. Trata-se de um conjunto de ações que favoreçam o diálogo social, levando em conta as tecnologias e as potencialidades delas no cotidiano. O *ecossistema comunicativo escolar* é entendido também como "área de intervenção" onde os sujeitos sociais passam a refletir suas práticas, que Soares caracteriza como áreas ou âmbitos do agir educomunicativo. Esse conceito envolve educação para a comunicação voltada à formação para a prática sistemática da recepção midiática; a expressão comunicativa através das artes, a mediação tecnológica na educação, a *gestão da comunicação*, a *pedagogia da comunicação* orientada a garantir os benefícios da ação educomunicativa para o cotidiano das práticas de ensino em sala de aula. Uma dimensão importante é a *área da reflexão epistemológica,* que se ocupa com a sistematização de experiências e o estudo do próprio fenômeno da comunicação e a relação Comunicação/Educação, procurando manter a coerência entre teoria e prática (SOARES, 2011, p. 47-48).

Pelas possibilidades aqui elencadas e outras que possam emergir da prática educomunicativa, é importante considerar que na Educomunicação, conforme Citelli, há vínculos entre os fazeres comunicativos e educativos e ela não pode ser vista no sentido pragmático e ser considerada apenas no campo da didática ou da capacitação para a aplicação das tecnologias da informação ou da comunicação no ensino, "mas como um campo de reflexão e intervenção social decorrente dos novos modos de organizar, distribuir e receber o conhecimento e a informação. Faz parte, portanto, de um ecossistema comunicativo situado na interface com a educação" (CITELLI, 2014, p. 70).

O processo histórico de construção do campo da Educomunicação que se revela em diversas abordagens de pesquisas acadêmicas, no âmbito nacional e internacional, demonstra que esta não é somente uma área de conhecimento, mas sim uma forma de compreensão e posicionamento quanto ao modo de produção da cultura e a reconfiguração dos espaços comunicacionais, que requer abordagens interdisciplinares.

Segundo mapeamento bibliométrico de Pinheiro (2013), realizado a partir das teses e dissertações disponíveis no banco de teses da Capes, de 1998 a 2011, o programa de pós-graduação da ECA/USP produziu 97 trabalhos, dos quais 79 dissertações de mestrado e 18 teses de doutorado. Em 2012[1] foram registradas mais 18 dissertações de mestrado e 2 de doutorado, resultando 115 de mestrado e 20 de doutorado. Essas pesquisas foram feitas sob a orientação de professores pesquisadores como Maria Aparecida Baccega, Adilson Odair Citelli e Ismar de Oliveira Soares. Na Universidade de São Paulo há uma revista de caráter nacional dedicada ao tema, intitulada *Comunicação & Educação*, que circula há 20 anos ininterruptos, reconhecida como a mais consultada por autores de estudos acadêmicos no Brasil, dentre as revistas científicas da área da Comunicação. "Os últimos boletins do portal de revistas *Univerciencia. org*, que serve como indexador de 21 publicações brasileiras do campo da comunicação, indica ser *Comunicação & Educação* a que recebe maior número de acessos, visitas e *downloads*" (CITELLI, 2014, p. 22).

Algumas pesquisas realizadas na área da Educomunicação na ECA-USP podem ser lembradas como: "Educomunicação e sua metodologia. Trata-se de um estudo feito a partir de ONGs, no Brasil" (SILVA FILHO, 2004); no campo do rádio em escola pública, "Educom.Rádio: uma política pública em Educomunicação e políticas públicas" (ALVES, Horta, 2007); "Pelos caminhos de Alice: vivências na Educomunicação e a dialogicidade no Educom.TV" (SALVATIERA, 2009); "Educomunicação na educação a distância: o diálogo a partir das mediações do tutor" (MELLO, 2010); "Comunicação e diálogo com a literatura, mediação no contexto escolar" (NAGAMINI, 2012). A identificação e legitimação do campo da Educomunicação também são trabalhadas na dissertação de Pereira (2012).

---

[1] Disponível em: <http://bancodeteses.capes.gov.br/>. Acesso em: 28/10/2014.

A Igreja Católica e o "movimento" na formação para a comunicação

As políticas internacionais voltadas à formação para a comunicação encontram eco também na Igreja Católica, que recomendou aplicar as propostas de mudanças e decisões do Concílio Ecumênico Vaticano II (1962-1965), em relação à comunicação, por meio de Conferências nos Continentes. Na América Latina, em 1968 realizou-se a Conferência do episcopado latino-americano em Medellín (Colômbia), onde a Igreja assume a causa dos oprimidos, a liberdade de expressão, denunciando a opressão política. Ao falar de comunicação denuncia a opressão dos grandes conglomerados de comunicação; realizam-se diversos seminários, incentivando os pequenos meios de comunicação, as Comunidades Eclesiais de Base (CEBs), a comunicação popular e alternativa nas várias frentes: jornais, rádios populares, produção de vídeo popular e leitura crítica diante dos meios de comunicação.

Dez anos depois, na Conferência de Puebla (México), em 1979, os bispos dão continuidade à reflexão sobre o contexto de pobreza em que vive a população e assumem a "evangélica opção preferencial pelos pobres". Em relação à comunicação recomendam a formação de lideranças e se propõem a usar os meios próprios para serem "a voz dos sem voz".

> Conhecida a situação de pobreza, marginalização e injustiça em que estão imersas grandes massas latino-americanas e a violação dos direitos humanos, a Igreja, no uso dos próprios meios, deve ser cada dia mais a voz dos desamparados, apesar dos riscos que isso implica (PUEBLA, 1979, p. 343).

No capítulo sobre Comunicação Social, o documento incentiva a formação de lideranças e do público receptor. Em suas opções define: "dar prioridade à formação na comunicação social do público em geral e dos agentes de pastoral em todos os níveis" (PUEBLA, 1979, p. 340). Nas propostas pastorais, lembra que "a formação no campo da comunicação é uma tarefa prioritária" (PUEBLA, 1979, p. 341).

Atendendo ao apelo da formação para a comunicação, grupos da Igreja no Brasil organizaram iniciativas para a formação na área, como a Escola de Comunicação Social (ECOS), 1979, em Porto Alegre, RS.[2] Os cursos intensivos realizados no período de férias reuniram participantes

---

[2] A ECOS foi uma iniciativa do Regional Sul 1, da CNBB, correspondente ao estado do RS, e continuou até o ano 1998.

de vários Estados para essa formação de religiosos, presbíteros, lideranças das comunidades.

Intelectuais e movimentos populares se unem ao debate e à formação, buscando devolver a voz ao povo.[3] A capacitação tinha como público-alvo as classes populares, a fim de que se apropriassem de conhecimento e não fossem dominadas pelo sistema midiático. Um projeto que marcou época foi o da Leitura Crítica da Comunicação (LCC), levado adiante pela União Cristã Brasileira de Comunicação (UCBC), uma entidade ecumênica que reunia profissionais e estudiosos da comunicação, organizações e grupos afins, e se tornou um espaço de debate com estudantes, no período da Ditadura Militar, sobretudo em seus congressos anuais.

A necessidade de buscar alternativas para formar e conscientizar as pessoas envolveu também grupos de intelectuais com iniciativas de formação, como Mário Kaplún, no Centro al Servicio de La Acción Popular (CESAP), projeto "Para La Lectura crítica de la comunicación de masas", antes no Uruguai e depois na Venezuela. Moran destaca que "o conceito Leitura Crítica da Comunicação aparece escrito em 1979, por Kaplún, antes de a UCBC (União Cristã Brasileira de Comunicação) adotá-lo" (MORAN, 1993, p. 116).

O tema da formação para a comunicação foi pautado também no Encontro Latino-americano dos Paulinos e Paulinas,[4] que, no Encuentro Paulino Latinoamericano (IV EPLA), em julho de 1982, na cidade do México, trabalharam o tema "La formación integral paulina, para el apostolado em América Latina". Cada país compartilhou suas experiências e constatou-se deficiência na formação para a comunicação e a necessidade de formação na dimensão pessoal, de comunidade e na prática para o exercício da missão. O documento final traça políticas e estratégias para a formação inicial e permanente, indicando uma metodologia teórico-prática para os cursos, tendo como fio condutor a comunicação nas comunidades, na formação de formadores, a especialização em comunicação e o profissionalismo (IV EPLA, 1982, p. 21-28).

---

[3] Regina Festa organizou o livro *Comunicação popular e alternativa no Brasil*. São Paulo, Paulinas, 1986; Eduardo Lins da Silva, *Muito além do Jardim Botânico*: um estudo sobre audiências do Jornal Nacional da Globo entre trabalhadores. São Paulo: Summus, 1985.

[4] Paulinos é o nome popular dado à Congregação dos padres e irmãos da Pia Sociedade de São Paulo; Paulinas, às Irmãs da Pia Sociedade Filhas de São Paulo. Neste encontro participaram representantes dos países: Argentina, Bolívia, Brasil, Chile, Colômbia, Espanha, Itália, México, Peru, Uruguai e Venezuela, e era sediado cada vez por um país. Em 1979 o III EPLA foi realizado no Brasil.

Neste contexto e proposta de formar o público receptor e as lideranças pastorais no campo da comunicação, são elaborados os princípios orientadores da missão e objetivos do SEPAC: formação de lideranças e publicações populares para discutir a comunicação na sociedade de forma crítica[5] e capacitar agentes multiplicadores para a Pastoral da Comunicação, que consiste nas práticas e políticas de comunicação nas comunidades.

Um marco teórico e pedagógico que caracterizou o "popular" era tornar as pessoas e comunidades participantes do processo para que se apropriassem do conhecimento e das linguagens da comunicação. A compreensão de que as lideranças não deveriam "fazer para o povo, mas, com o povo", orientava os processos de formação, ajudando as pessoas a participarem como produtores de comunicação. Soares, orientador pedagógico no SEPAC de 1982 a 1988,[6] explicita o referencial adotado: "Nós partíamos do pressuposto de que a única possibilidade de comunicação existente é a da Comunicação Dialógica e Participativa. Estávamos tomando o referencial da Teologia da Libertação e da Pedagogia Participativa-Dialógica de Paulo Freire".[7]

Algumas pesquisas sobre comunicação e Igreja

Entre os estudos acadêmicos realizados em relação à comunicação e Igreja, formação para a comunicação, reflexão crítica no Brasil, citamos alguns pesquisadores como Melo, que trabalha o tema da Leitura crítica e da Comunicação eclesial (1985, 2005); Soares (1988), que aborda o percurso histórico da comunicação na Igreja, dos tempos de recusa e repressão à Teologia da Libertação; Puntel (1994), com a temática da Igreja Católica e a democratização da comunicação na América Latina, incluindo a NOMIC e outros estudos situando a Igreja na cultura midiática como nova ambiência (2005), e a retomada dos documentos eclesiais com a releitura para os tempos que necessitam do diálogo dos saberes na cultura midiática (2010); Gomes (1995), que faz uma pesquisa sobre a comunicação cristã em tempos de repressão e retoma o estudo da comunicação nas igrejas cristãs no processo da Igreja eletrônica à

---

[5] A consciência crítica compreende o processo dialético de análise da realidade, considerando as condições sociais em que se vive e o lugar social (cf. Libanio, J. B., 1978, p. 84-86).

[6] "Convivi com as Irmãs Paulinas o cotidiano do SEPAC, de sua fundação, em 1982, até meu ingresso na USP, em tempo integral, em 1988" (depoimento de Ismar de Oliveira Soares, em 24/02/2013).

[7] Entrevista concedida ao SEPAC em 05/06/1990.

sociedade em midiatização (2010); Kunsch (2001), que faz um resgate de teses realizadas na área da comunicação nas universidades brasileiras, sobretudo no período posterior ao Concílio Vaticano II perante os desafios da comunicação.

Pesquisas mais recentes abordam a midiatização da religião nos processos midiáticos e a construção de novas comunidades de pertencimento, mediante programações televisivas de grupos católicos onde a técnica se coloca como fenômeno organizador das práticas sociais, como o de Gasparetto (2011). A experiência religiosa na internet, um "ambiente" cultural que hoje faz parte do cotidiano, é objeto de pesquisa de Sbardelotto (2012), em sites católicos, que favorecem novas temporalidades, espacialidades e ritualidades, mudando a forma da vinculação tradicional. A rapidez com que a instituição eclesial romana vem enfrentando a modernidade apresenta-se na pesquisa de Giraldi (2014), que mostra a assimilação das tecnologias digitais adotadas pelas dioceses brasileiras e a mudança de mentalidade ao adotar novas formas de comunicação em seus sites.

Essas pesquisas são referência para compreender a comunicação da Igreja Católica e sua relação com a sociedade em diferentes momentos históricos. A abordagem crítica mostra como a Igreja se relacionou com a sociedade em momentos críticos nos diversos períodos históricos, que também revelam as dificuldades de diálogo e de inserção. Enquanto em algumas épocas a postura foi defender a doutrina, em outras ela se posicionou em favor dos direitos humanos da democratização da comunicação. Como o foco desta pesquisa centra-se na formação para a comunicação, os trabalhos apontados são referências para a reflexão, mas há de se destacar que ainda são reduzidos os trabalhos voltados à formação para a comunicação, propriamente dita, para os agentes pastorais.

Em 1995 foi elaborada uma proposta para sistematizar a educação para a comunicação, tendo em vista os Institutos de Filosofia e Teologia, coordenada pelo Setor de Comunicação da CNBB com a colaboração da respectiva Equipe de Reflexão, formada por especialistas e professores da disciplina de Comunicação. Em 2001, o mesmo projeto foi atualizado e publicado, contemplando as dimensões antropológica, científica, técnica, litúrgica e de espiritualidade para diversas etapas de formação, de modo progressivo (CNBB/Paulinas/SEPAC, 2001).[8] Essas orientações são aplicadas nos institutos de Filosofia e Teologia, na disciplina de Educação para a Comunicação.

Um trabalho especificamente voltado à formação que trata do diálogo entre fé e cultura foi realizado por Puntel e Corazza (2007), sobre a Pastoral da Comunicação, evidenciando a necessidade da formação neste campo, na dimensão pessoal, espiritual, produção e organização das práticas comunicacionais. Trata-se de um texto de orientação que sintetiza o pensamento da Igreja sobre a formação e organização nas comunidades. Em sua dissertação de mestrado, Silva (2010) trabalha a comunicação da Igreja Católica na sociedade midiatizada, tendo em vista a formação com qualidade. Como estudo de caso traz alguns aspectos da experiência do SEPAC, mostrando a necessidade da competência para a atuação pastoral, que requer preparação cultural e comunicacional para dialogar com a sociedade. Essa preparação passa pela compreensão do conceito da comunicação, uma vez que as lideranças religiosas necessitam de um repertório de reflexão e habilidade prática para atuarem de modo eficaz.

O Diretório da Comunicação da Igreja do Brasil (2014) é uma diretriz com os referenciais atualizados sobre comunicação, que recomenda a educação para a comunicação e a formação das lideranças eclesiais, em todos os níveis, o qual será citado no capítulo sobre formação pastoral. O plano de Ação da Comissão de Comunicação da CNBB (2012) dinamiza ações de formação na área.

Educomunicação e processo comunicacional

Ao situar-nos nos princípios da formação educomunicativa, é indispensável perguntar-nos de que *educação e formação* estamos falando: uma formação que modela de fora para dentro ou que trabalha o ser humano a partir de dentro, considerando sua autonomia e ajudando-o a despertar as potencialidades e assumir seu lugar na sociedade? Concordamos com Adorno, quando diz que a formação não pode ser "chamada modelagem de pessoas, porque não temos o direito de modelar pessoas a partir do seu exterior; mas também não é a mera transmissão de conhecimentos, cuja característica de coisa morta já foi mais do que destacada,

---

[8] Por parte do SEPAC, participaram da elaboração Joana T. Puntel e Helena Corazza, em diferentes períodos.

mas a produção de uma consciência verdadeira" (ADORNO, 2006, p. 141). Para o filósofo este aspecto é "da maior importância política" e uma exigência, pois uma democracia requer pessoas emancipadas.

A formação educomunicativa no contexto da comunicação e cultura envolve o conhecimento e a reflexão das áreas da Comunicação e da Educação, pois vê o ser humano como sujeito situado numa teia de relações onde a comunicação se torna cultura cotidiana, não só pelo acesso às tecnologias mas pelo modo de se relacionar, produzir e distribuir as informações. Fazendo parte da vida cotidiana e dos espaços educacionais, a comunicação possui muitas formas de se manifestar e de ser entendida, desde o aspecto técnico e funcional ao de cultura em que os sujeitos apropriam-se, reinterpretam, recriam e produzem novos sentidos.

O boliviano Luís Ramiro Beltrán, em seu memorável trabalho *Adeus a Aristóteles: comunicação horizontal* (1981), discute a necessidade de uma nova ordem na comunicação do Terceiro Mundo para se libertar do colonialismo, sobretudo, norte-americano. Ele considera a comunicação não como uma questão técnica, mas política, e propõe "democratizar a comunicação tanto no conceito quanto na prática". Para que aconteça a comunicação horizontal coloca alguns requisitos como: acesso, diálogo, participação, direito à comunicação. Para ele "o diálogo é o eixo da comunicação horizontal, porque, se o objetivo é a genuína interação democrática, todas as pessoas deveriam ter oportunidades semelhantes para emitir e receber mensagens com o propósito de se evitar o monopólio da palavra no monólogo" (BELTRÁN, 1981, p. 32).

Para Peruzzo, as proposições de Beltrán sobre comunicação horizontal foram incorporadas no discurso e na prática de instituições ligadas à comunicação popular e alternativa, como as igrejas e as ONGs na América Latina, num tempo em que se luta contra o autoritarismo e se buscam práticas participativas e protagonismo.

> Em nível mais amplo, muitos autores da Escola Latino-Americana de Comunicação buscam fundamentos em Antonio Gramsci, o que favorece a percepção da sociedade como movimento, e a entender o papel do intelectual orgânico no processo de transformação social e no estabelecimento de nova hegemonia. Esse modo de conceber a sociedade contribui para o fortalecimento e consolidação da proposta de comunicação horizontal, que se tornou conhecida pelo nome de comunicação popular, participativa e/ou alternativa (PERUZZO, 1997, p. 95).

A busca de uma comunicação em que as pessoas sejam protagonistas e possam interagir na reelaboração das mensagens faz com que se tenha um novo olhar. O caminho interpretativo da comunicação em suas teorias busca também explicar práticas comunicacionais e educativas coerentes com os novos modos de ver a comunicação a partir da cultura, e não mais a partir dos meios. Essas e outras características constituem a matriz da comunicação comprometida com a transformação social e a cidadania.

Nesse caminho da democratização da comunicação a partir do popular e da busca de processos horizontais, levados adiante por pensadores comprometidos com as mudanças, há o deslocamento do conceito de análise dos meios para as mediações, conforme Martín-Barbero, que passam pelo vetor da apropriação do sujeito interlocutor neste processo.

Um dos desafios se coloca no processo relacional, na interação do ser humano com o contexto onde vive; por isso, reconhecendo-se comunicação por natureza, ele precisa aprender a ser. O que se é por natureza precisa ser assimilado e aperfeiçoado cada dia de novo, na atitude de aprendiz permanente, cultivando o que se é, mas também aprendendo a *conviver*. Esta é uma busca contínua exigida pelo ato de comunicar, o que requer capacidade e abertura constantes para viver a comunicação e exercitá-la, indo ao encontro do outro, em atitude dialógica, conforme Freire:

> o que caracteriza a comunicação enquanto este comunicar comunicando-se é que ela é diálogo, assim como o diálogo é comunicativo. [...] a educação é comunicação, é diálogo, na medida em que não é transferência de saber, mas encontro de sujeitos interlocutores que buscam a significação dos significados (FREIRE, 1983, p. 66ss).

Uma questão fundamental na comunicação é a possibilidade do diálogo, da escuta, da interação, da troca de saberes; entretanto, é um espaço conflitivo de competição e interesses. Ao lado desse modelo é possível se ter uma comunicação unidirecional que pode levar à submissão e não ao diálogo, até pela falta de consciência de que o ser sujeito faz parte dele e não é algo a ser reivindicado, mas precisa ser "consciente de si mesmo e que interage com o mundo e com os outros homens" (FREIRE, 1973, p. 61).

A comunicação e a educação, que têm o ser humano como parte do processo de produção e circulação do conhecimento, assumem uma postura mediadora de construir juntas o conhecimento e despertar a capacidade e o desejo de participar e criar: "A tarefa do educador, então, é a de problematizar aos educandos o conteúdo que os mediatiza, e não a de dissertar sobre ele e dá-lo, de estendê-lo, de entregá-lo, como se tratasse de algo já feito, elaborado, acabado, terminado" (FREIRE, 1982, p. 81).

O sujeito é uma categoria que se destaca na comunicação vista e produzida a partir do processo relacional e de sua inserção na sociedade, sendo ele compreendido como sujeito social que se constrói, interage e, ao mesmo tempo, é construtor de significado e ação social. São muitas as interpretações ao redor do conceito do sujeito, que assume diferentes facetas de acordo com os contextos socioculturais e diferentes temporalidades. Hall (1999) caracteriza três momentos e situações de como ele é entendido, de acordo com a realidade social e cultural: o sujeito do Iluminismo, o sujeito sociológico e o sujeito pós-moderno com modos de agir e reagir de acordo com as realidades.

Latour (2012) traz uma discussão complexa em relação à introdução da teoria ator-rede, onde o sujeito se constitui na interação com as coisas. De fato, há uma relação que se estabelece entre o ser humano e os objetos, as coisas, os suportes tecnológicos que adquirem um valor social. Para o autor, reagregar o social passa da ideia de sociedade àquela de coletivo, um coletivo pensado como o que pode ser constituído por diferentes atores humanos e não humanos, em que "os objetos se fazem coisas 'no lugar' dos atores humanos" (LATOUR, 2012, p. 109), o que acontece com as redes em que não humanos atuam e operam.

Seguindo este conceito, Lemos (2010) pesquisa sobre os desdobramentos que acontecem na "Internet das coisas", "um conjunto de redes, sensores, atuadores de objetos ligados por sistemas informatizados que ampliam a comunicação entre as pessoas e os objetos" (LEMOS, 2013, p. 239). Esta relação programada pelo homem nas redes de computadores opera sem a presença dele, de modo que "os objetos passam a 'sentir' a presença de outros, a trocar informações e a mediar ações entre eles e entre os humanos", complementa o pesquisador. Na hipótese de Lemos, os objetos mudam ao ganhar funções infocomunicacionais, e as relações entre eles e os humanos mudam também. Para o pesquisador, o desafio não é tanto pensar a coisa enquanto coisa, mas procurar compreender as novas funções dos objetos e as tensões que eles produzem na coletividade.

Considerando as diferentes compreensões e interpretações e os limites vividos pelo ser humano, na sociedade "líquida", a opção que fazemos aqui é por esta categoria que entende o sujeito como o ser humano, alguém capaz de influir em favor da mudança. Temos em Touraine que:

> o ator não é aquele que age em conformidade com o lugar que ocupa na organização social, mas aquele que modifica o meio ambiente e sobretudo social no qual está colocado, modificando a visão do trabalho, as formas de decisão, as relações de dominação ou as orientações culturais (TOURAINE, 1994, p. 220).

Ao abordar a "ética do sujeito responsável", Morin afirma que nossas finalidades não são impostas, no sentido de que, nas nossas sociedades individualistas, a ética não se impõe imperativamente nem universalmente a cada cidadão. Cada um terá que escolher por si mesmo os seus valores e ideais, isto é, praticar a autoética. Mas a escolha requer a capacidade de assumir e se comprometer. "Eleger nossas finalidades, implica integrá-las profundamente em nossos espíritos e almas, jamais esquecê-las, jamais renunciar a elas, mesmo se perdermos a esperança de constatar sua realização" (MORIN, 2000b, p. 68).

Segundo o autor, a ética política deve conter algumas ideias-guias, entre elas a ética da religação, do debate, da compreensão, da resistência. Para o pesquisador, a ética não se pode reduzir ao político: "Somente esta dialógica poderá fazer da política, essa arte da incerteza, uma grande arte que seja posta a serviço do ser humano" (MORIN, 2000, p. 77). Uma educação que se baseie no processo dialógico entre "quem ensina" e "quem aprende", onde tais papéis estariam intrinsecamente ligados e onde o sujeito, seja o formador, seja o formando, possa transitar a partir da dinâmica do processo educativo.

Esta visão do processo da comunicação é entendida por Kaplún (2011) como algo que vai além dos meios, podendo incluir ou não as tecnologias, uma vez que o autor a trabalha a partir da experiência comunicacional. O que se privilegia aqui são as mediações sociais e culturais, sem uma visão redutora de comunicação.

> Cremos que é fundamental ultrapassar esta visão redutora e postular que a Comunicação Educativa abarca certamente o campo da mídia, mas não apenas esta área: abarca também, e em lugar privilegiado, o tipo de comunicação presente em todo processo educativo, seja ele realizado com ou sem o emprego de meios. Isso implica considerar a comunicação não como um mero instrumento midiático e tecnológico, e sim, antes de tudo, como um componente pedagógico (KAPLÚN, 2011, p. 175).

Sendo a comunicação um componente pedagógico, que trabalha o processo da comunicação, é claro que o ponto de partida não pode ser o de um olhar fundamentado no ponto de vista tecnológico, e sim no processo relacional. Kaplún problematiza o paradigma de educação centrada no olhar das tecnologias e pergunta se uma racionalidade pedagógica não representará um estancamento e, talvez, uma involução que retrata a "educação bancária", tantas vezes condenada por Freire, agora com moderna versão "de caixa automático dos bancos". Este olhar da formação a partir da comunicação enquanto processo privilegia o sujeito ator, abrindo para a criação e a interatividade que envolvem intervenções sociais e culturais.

A partir da produção na comunicação, Mário Kaplún criou métodos interativos, como o conhecido "Casete Foro" (1978), e construiu sua teoria a partir da prática. Gabriel Kaplún, que o caracteriza como "intelectual orgânico" por recuperar o pensamento de Gramsci e os estudos culturais latino-americanos e ver, a partir das práticas cotidianas, os processos da comunicação, entendeu que "mais do que pensar a comunicação educativa como espaço específico, há de se pensar o caráter educativo de toda a comunicação" (KAPLÚN, 2006, p. 37).[9] Esta afirmação é um indicativo da comunicação como eixo das práticas culturais e sociais aplicadas, de modo transversal, ao seu caráter educativo e pedagógico.

A Educomunicação e mediação cultural

Pensar a Educomunicação a partir da cultura é situá-la na reflexão dos Estudos Culturais, sobretudo latino-americanos, nos quais o conceito de mediações culturais que compreendem a produção e a recepção da comunicação enquanto cultura requer um espaço de negociação. De fato, a reflexão e as práticas são perpassadas pela cultura, fundamental para interpretar os processos sociais por meio dos quais produtores e interlocutores vão atribuindo sentido às práticas sociais cotidianas. Essa atribuição de sentido vai sendo incorporada nos diferentes momentos do dia a dia, que inclui a relação com os produtos culturais que chegam pela mídia, em que se dá a "atribuição de sentido à realidade, à evolução de uma cultura, de práticas sociais compartilhadas de uma área comum de significados" (WOLF, 1995, p. 96).

---

[9] Tradução da autora.

Na América Latina, Martín-Barbero trabalha a comunicação a partir da cultura e considera que há um deslocamento, uma ruptura com o que se entende por comunicação midiatizada, que se organiza em empresas, que produzem e transmitem com aparatos tecnológicos e sistemas de circulação, talvez, sem considerar os elementos culturais e os processos.

A cultura, por sua vez, é um conceito complexo e com muitos significados, desde o de cultivar o solo ao de desenvolvimento das faculdades do intelecto por meio de práticas apropriadas. A cultura é uma ideia historicamente determinada, mas também um conjunto de práticas e modos de vida de uma sociedade. Com a indústria as produções culturais passam a ser consideradas como mercadoria e consumo, numa visão centrada nos meios como produtores e transmissores de cultura. Mas cultura também são as práticas culturais que se expressam na vida cotidiana, diferentes modos de ser e viver. Cultura e cotidiano encontrariam mútua relação de influência, sobretudo na acepção da vida cotidiana sustentada na capacidade de o indivíduo "conduzir a vida" (HELLER, 1987, p. 19).

Para entender as mediações, Martín-Barbero se serve do conceito de *hegemonia*, elaborado por Gramsci, que possibilita pensar o processo de dominação social não como imposição a partir de fora e sem sujeitos, mas na relação com alguém que representa interesses reconhecidos como seus pelo outro e sendo negociados. Dessa forma, a hegemonia é um processo que "se faz e se desfaz permanentemente num 'processo vivido', feito não só de força mas também de sentido, de apropriação do sentido pelo poder, de sedução e de cumplicidade" (MARTÍN-BARBERO, 1997, p. 104).

Estabelece-se uma ruptura entre uma visão a partir do poder dos meios de comunicação e introduz-se uma nova forma de compreender as relações comunicacionais a partir da cultura, deslocando o olhar do emissor para o receptor, agora considerado participante ou interlocutor. Neste sentido o emissor, seja ele produtor de conteúdo ou educador, não é mais o alvo central da análise e compreensão dos processos comunicacionais, mas o interlocutor, tratado como sujeito do processo que vivencia as práticas culturais. Esse conceito passa a ser aplicado não só aos meios de comunicação, mas às mediações que acontecem de diversas formas, aos espaços e às condições a partir das quais as pessoas produzem, consomem e se apropriam dos conteúdos e práticas.

Os *estudos culturais* aplicam-se a pesquisas sobre consumo da comunicação de massa e se tornam espaço de negociação de sentido entre práticas comunicativas diferenciadas. Dessa forma, as práticas sociais e o cotidiano se confundem, pois é ali que o interlocutor das mídias dá sentido à vida, ressignifica, reinterpreta, modifica as mensagens que recebe a partir de seu contexto e situação social, política, cultural.

Ao identificar outra chave de interpretação para a comunicação a partir das mediações, como nos estudos de recepção, o autor assegura que este "é um *lugar* novo, de onde devemos repensar os estudos e a pesquisa de comunicação" não mais em etapas, mas a partir do processo. Ele parte do princípio de que a recepção não é somente uma etapa no interior do processo de comunicação, "um momento separável em termos de disciplina, de metodologia, mas uma espécie de outro lugar, o de rever e repensar o processo inteiro da comunicação" (MARTÍN-BARBERO, 1995, p. 40).

O autor acentua a indicação das mediações como processo importante para compreender a diversidade de práticas sociais, ou seja, a matriz diferenciada de construção de sentidos que existe na vida social cotidiana. "O eixo do debate deve se deslocar dos meios para as mediações, isto é, para as articulações entre práticas de comunicação e movimentos sociais, para as diferentes temporalidades e para a pluralidade das matrizes culturais" (MARTÍN-BARBERO, 1987, p. 203). No caso de produtos culturais, trata-se de um deslocamento da análise do meio de comunicação ou de outras práticas culturais, onde o sentido é produzido, para o âmbito dos usos sociais, as "mediações culturais da comunicação".

Vistos como mediações, os meios e os espaços tornam-se componentes de um contexto cultural e o que se verifica é o modo como as pessoas produzem sentido em sua vida, o modo como se comunicam e usam os meios. Dessa forma, "a comunicação se torna mais questão de mediações do que de meios, questão de cultura e, portanto, não só de conhecimento, mas de reconhecimento" (MARTÍN-BARBERO, 1987, p. 10).

A ruptura que se dá nos *estudos culturais* entre meios e mediações é indicativa de outra ruptura que permeia o processo cultural da comunicação. A pluralidade de sentidos da vida cotidiana não é oriunda, no caso da comunicação midiática, apenas dos emissores. Há uma pluralidade de outros atores na vida cotidiana, desde as instituições sociais básicas até o processo de mudança social, interferindo e mediando a condução da vida. Apropriando-nos deste conceito, as mediações culturais podem ser entendidas também em espaços de comunicação e cultura, em que a comunicação e a educação são trabalhadas com os pressupostos do diálogo, da produção e do compartilhamento de saberes. É nessa relação que as pessoas se sentem sujeitos e interlocutores no processo comunicacional a partir das diferentes áreas, o que se identifica com o conceito de Educomunicação.

A cultura da comunicação é aqui entendida como modo de vida onde a comunicação adquire centralidade pela presença na vida cotidiana, conforme Martín-Barbero, que propõe pensar a educação a partir da comunicação. A comunicação como cultura envolve, portanto, as formas e expressões do ser humano enquanto sujeito do processo, ou seja, alguém que convive, lê a realidade e procura interferir com ações e também produz sentidos e não apenas reproduz. A comunicação como cultura leva a trabalhar não só a comunicação na educação, mas um pensar comunicacional nas interfaces, que incluem a interdisciplinaridade e a transdisciplinaridade. Entendemos que pensar comunicacionalmente não é apenas usar os meios de comunicação ou as tecnologias na educação ou na pastoral, mas pensar e agir a partir do olhar da comunicação, dos processos, em qualquer temática, considerando a centralidade da comunicação independentemente do uso de meios ou tecnologias.

A centralidade da comunicação e as interfaces

Comunicação e Educação são duas áreas de conhecimento que interagem no olhar comunicacional, a partir do qual são vistas as realidades da educação, da pastoral e das demais inter-relações que se estabelecem no processo relacional. As diversas tentativas realizadas ao longo do tempo, como educar para os meios, a leitura crítica dos meios de comunicação, a alfabetização pela mídia, são aspectos das buscas educativas onde a comunicação se coloca como eixo central.

A consciência de que há um "ecossistema comunicativo" abre um campo de compreensão e análise das mudanças culturais em relação às mediações culturais e sociais e chama a atenção para a centralidade das tecnologias e dos sistemas de comunicação deste *sensorium* novo. Trata-se do reconhecimento do papel central da comunicação na vida cotidiana, nos diversos campos do conhecimento, e sua relação na sociedade contemporânea requer uma formação continuada que desperte para um pensar comunicacional que está além do uso dos meios e centra sua atenção no interlocutor, nos modos de comunicar na cultura cotidiana.

Essa mudança vivenciada na cultura atual desperta para a busca de sistematizar o conhecimento na inter-relação ou interface da comunicação com outras áreas. A cultura da interface apresentada por Steven Johnson (1997) parte de uma visão, aparentemente apenas técnica, na interação com objetos ou suportes como o *mouse*, a tela, o teclado, a navegação, analisando como o computador transforma nossa maneira de criar e comunicar. Estes conceitos foram apropriados para se falar da cultura comunicacional que dialoga com outras áreas e permeia as formas de conhecer, relacionar e expressar o conhecimento. Chama-se de interface as inter-relações dos saberes, entre eles o modo de expressar nas diferentes linguagens, possibilidades e expressões transmidiáticas.

O conceito de interface, muito utilizado na ciência do computador para falar dos diversos aspectos técnicos e operacionais entre textos, criação de imagens, sons e palavras que podem ser manipuladas na tela, é também empregado como o diálogo entre as diferentes áreas do conhecimento, que são trabalhadas nesta pesquisa como comunicação e educação, comunicação e pastoral.

A cultura da interface, mais aplicada à era digital, tem como característica a velocidade. Para Johnson, ela se coloca como a "fusão de tecnologia e cultura", que fez parte da experiência humana primitiva com pintores de cavernas e que apresenta uma dificuldade de ser percebida, talvez pela velocidade com que as mudanças acontecem. Ao agregar esta realidade das tecnologias como parte do cotidiano, torna a cultura em modo de vida, despertando a consciência para novos modos de perceber e sentir o mundo; ao mesmo tempo, ela é produção de significados. A interface traz em si a proximidade e o diálogo entre duas realidades ou campos de conhecimento que interagem e se complementam.

Pode-se dizer que o processo de criação do conceito da Educomunicação resulta da inter-relação Comunicação e Educação e foi gestado a partir das práticas com grupos populares, assumido por instituições de referência como a Unesco, igrejas, e também pesquisado e refletido no espaço acadêmico por pesquisadores e docentes inseridos nas realidades sociais e comunitárias, resultando na aplicação do conceito para o espaço escolar e pastoral. Esse trabalho de formação para a comunicação foi assumido pela Igreja Católica, por suas associações e grupos, em nível continental e nacional, com o objetivo de educar para a comunicação de maneira comprometida com os valores sociais e cristãos no processo dialógico e participativo.

Capítulo 2

Formação para a comunicação nos documentos, orientações e trajetória da Igreja Católica

O primeiro areópago dos tempos modernos é o mundo das comunicações [...]. Não é suficiente usá-los para difundir a mensagem cristã e o magistério da Igreja, mas é necessário integrar a mensagem nesta "nova cultura", criada pelas modernas comunicações.
(Redemptoris Missio, 1991, p. 63)

Educar para a comunicação é uma necessidade num contexto em que as mudanças culturais, tecnológicas e sociais acontecem com grande velocidade, desafiando a entrada nessa nova cultura. Uma educação que envolve princípios como o diálogo com a sociedade, a interação e a intervenção nos ambientes da cultura midiática requer, de educadores e educandos, abertura para a formação continuada e o aprendizado para uma atuação cidadã na sociedade contemporânea. Assim, educar para a comunicação na pastoral é a direção deste trabalho voltado a agentes pastorais da comunicação, atuantes na reflexão e produção da comunicação.

Educar e formar para a sociedade

A educação para a comunicação é aqui entendida nos aspectos humano, filosófico, antropológico, cultural, social. É um modo de estar no mundo e de se relacionar como ser humano situado numa sociedade que se organiza com direitos e deveres cidadãos. Pensar a educação para a comunicação e a formação continuada remete-nos à "escola sem muros", expressão cunhada por Walter Benjamin, entendendo que se aprende em todos os lugares e de todas as formas; remete também à "escola paralela", a educação informal que chega pela mídia e, por isso mesmo, faz parte do cotidiano e influencia a realidade escolar ou educação formal. Educar e formar "será sempre uma arte em que todas as aplicações técnicas terão de ser transformadas, imaginativa e criadoramente, em algo de plástico e sensível, suscetível a ser considerado antes sabedoria do que saber" (TEIXEIRA, 2006, p. 73).

A educação para a comunicação na pastoral diz respeito à compreensão e prática dos processos comunicacionais, ao relacionamento das pessoas com os meios de comunicação, tanto na recepção dos produtos midiáticos quanto no cotidiano. No caso desta pesquisa, trata-se da capacitação de pessoas que serão multiplicadoras junto às entidades ou associações. Trata-se de um processo de formação continuada em que os novos modos de relação entre conhecimento e produção social passam pelas diferentes linguagens e também pela educação informal.

Ao expressar sua visão de formação na era contemporânea, Willi Bolle (1997) se serve da metáfora do "tableau", a "escrivaninha" que Walter Benjamin (1987) usa para falar de uma sociedade dominada pelos meios de comunicação. Faz o contraponto entre a educação formal e informal, o dever e o prazer no processo educacional, ao falar daquele móvel, aquela escrivaninha que guardava, sem dúvida, certa semelhança com o banco escolar, "mas sua vantagem era que nela eu ficava protegido e dispunha de espaço para esconder coisas de que ele, o 'tableau', não devia saber. A escrivaninha e eu éramos solidários frente a ele" (BENJAMIN, p. 120).

A partir dessa metáfora, Bolle (1997) tece suas considerações sobre o "lúdico" que vem ao encontro do modo de ser da criança, o prazer e a festa, a brincadeira, enquanto a escola, instituição oficial, representa o "dever": "A escrivaninha é o palco de seus afazeres 'prediletos', suas ocupações 'mais amadas'. Depois do 'aborrecido dia de aula', ela lhe dá 'novo vigor'" (BOLLE, p. 10). O autor também faz considerações em relação aos valores e às linguagens adotadas na escola, diante da mudança cultural advinda das comunicações. E, ao contrário do que se pode interpretar de que a visão crítica confunde-se com um olhar amargo e descontente em relação à sociedade, Bolle assim interpreta:

> Lugar protetor e lúdico, a escrivaninha proporciona um olhar de distanciamento crítico sobre o que se aprende na escola [...] o crítico Walter Benjamin – questionando o legado e o valor da cultura livresca num mundo dominado pela mídia e a reprodutibilidade técnica – encontra-se prefigurado na criança que passa a "rever" seus velhos cadernos escolares (BOLLE, p. 10).

As reflexões sobre a crítica, tão necessária para o distanciamento e a elaboração do próprio conhecimento e práticas que envolvem, sobretudo, o processo de produção da comunicação, encontram eco na metáfora da escrivaninha. Não só para crianças, mas também para jovens e adultos, a questão da prática e produção da comunicação proporciona a alegria da descoberta, da criação, e é algo mais prazeroso do que o simples pensar abstrato.

A educação para a comunicação, sobretudo no aspecto pastoral, assume esses conceitos de autonomia, de leveza, da formação trabalhada a partir de dentro, e se apoia num tripé: o processo humano, a reflexão e a prática. A dimensão humana contendo valores como o diálogo, a alteridade da pessoa que comunica como um ser situado num contexto social, cultural, político, econômico, religioso; a reflexão que leva a ter uma visão crítica de distanciamento para discutir a sociedade no aspecto comunicacional; a atuação com práticas de produção e de intervenção que requer criatividade.

Este é um tema recorrente nas orientações do magistério da Igreja, em seus documentos e estudos sobre comunicação, seja em nível internacional, continental ou nacional. Essa formação para as lideranças e fiéis é percebida como necessária pela constatação das mudanças culturais que acontecem e pela missão da Igreja que precisa estar inserida nas realidades e dialogar com o mundo.

Uma das razões tem como fim orientar os fiéis para a convivência e escolha das mensagens que recebem pelos meios de comunicação; uma segunda diz respeito à missão que a Igreja tem de anúncio da Palavra de Deus e, portanto, a necessidade de capacitar para a produção nas diferentes linguagens, pois, para transmitir sua palavra, as lideranças precisam compreender e conhecer os processos e as linguagens. O Pontifício Conselho para as Comunicações Sociais (PCCS), uma instância no Vaticano encarregada das comunicações, elabora orientações que repercutem e tem sua aplicação por meio de estudos e documentos das Conferências dos bispos, como a CNBB, que por sua vez é assessorada por pesquisadores e especialistas na reflexão e elaboração de diretrizes. Há estudos acadêmicos sobre Igreja e comunicação, mencionados no primeiro capítulo; por isso, fazemos aqui um resgate das principais orientações em documentos do magistério em nível mundial, latino-americano e brasileiro.

A comunicação como cultura no pensamento da Igreja

Depois de um período de hesitação em relação à chegada dos meios de comunicação, com as mudanças das tecnologias e sua inserção no cotidiano, a Igreja caminha no sentido de mudar seu pensamento sobre a comunicação. Segundo Puntel (2005), acontece uma "reviravolta", um novo momento na relação Igreja-comunicação. Trata-se da chegada dos novos meios que provocam uma mudança no pensamento eclesial, revelado na compreensão da "nova cultura" que está emergindo. Essa mudança de enfoque aconteceu a partir da encíclica do Papa João Paulo II, *Redemptoris Missio* (A missão do Redentor), que aborda a importância que os meios de comunicação alcançaram na sociedade, sendo para muitos o principal espaço de informação e formação, guia e inspiração dos comportamentos individuais, familiares e sociais. Ao se referir a eles como lugares de evangelização, o Papa serve-se da metáfora do "areópago",[1] no novo contexto, marcado pela cultura das comunicações.

> O primeiro areópago dos tempos modernos é o mundo das comunicações [...]. O uso dos meios, no entanto, não tem somente a finalidade de multiplicar o anúncio do Evangelho: trata-se de um fato muito mais profundo, porque a própria evangelização da cultura moderna depende, em grande parte, dessa influência. Não é suficiente, portanto, usá-los para difundir a mensagem cristã, e o magistério da Igreja, mas é necessário integrar a mensagem nesta "nova cultura", criada pelas modernas comunicações. É um problema complexo, pois esta cultura nasce menos dos conteúdos do que do próprio fato de existirem novos modos de comunicar com novas linguagens, novas técnicas, novas atitudes psicológicas... (RM, 1992, p. 63).

A afirmação de que há uma nova cultura revela uma mudança de postura que compreende a existência de algo novo com o qual é preciso dialogar; insere-se no que a Igreja caracteriza como necessidade de formar os fiéis e as lideranças para viverem e atuarem neste contexto social, político e eclesial, com a presença marcante das tecnologias no cotidiano. Para Puntel essa referência do magistério eclesial é sinal de

---

[1] Tribunal de justiça ou conselho, célebre pela honestidade e retidão no juízo, que funcionava a céu aberto no outeiro de Marte, antiga Atenas, desempenhando papel importante em política e assuntos religiosos (*Dicionário Houaiss da Língua Portuguesa*). Segundo o livro bíblico Atos dos Apóstolos (capítulo 17,21), "todos os atenienses e também estrangeiros aí residentes não se entretinham noutra coisa senão em dizer, ou ouvir, as últimas novidades". Atendendo ao sabor das novidades, o Apóstolo Paulo esteve no Areópago de Atenas para fazer sua pregação "ao Deus desconhecido" (cf. At 17,22-34).

uma "mudança" na compreensão da relação entre Igreja e mídia, não mais sendo de desconfiança nem de simples uso instrumental. A Igreja afirma e se dispõe a um novo modo de comunicar de forma inculturada, ou seja, inserindo-se "na" e "pela" "cultura midiática". "É uma expressão que carrega um novo conceito para o esforço e o estímulo de usar os *media*, seja para disponibilizar cursos de formação, seja para aprender a usar os *new media*" (PUNTEL, 2005, p. 132).

Há uma tomada de consciência de que a cultura da mídia cria novos hábitos cotidianos e novo modo de viver. Por sua vez, essa mudança cultural provoca as instâncias eclesiais a se posicionarem diante de um novo modo de comunicar, desafiam a inserção nesse contexto, trabalhando, ao mesmo tempo, uma atitude crítica diante desse novo modo de ser e viver na sociedade, das mensagens recebidas, e a apropriarem-se das linguagens e produzirem a comunicação com novas linguagens.

Essa forma de ver e entender a comunicação, por parte da Igreja, revela-se na linguagem com que as Conferências da América Latina[2] a denominam, observando que houve uma evolução progressiva no pensamento e nos modos de abordar o assunto. Nos capítulos relativos à comunicação, na conferência de Medellín-Colômbia (1968) foi tratada como "Meios de Comunicação Social"; em Puebla-México (1979), como "Comunicação Social"; em Santo Domingo (1992), Comunicação Social e Cultura; em Aparecida-Brasil (2007), "Pastoral da Comunicação Social".

> Levando em consideração que as linguagens da comunicação configuram-se, hoje, elas próprias, tanto elemento articulador das mudanças na sociedade, quanto meios de difusão [...]. No que concerne à comunicação, no *Documento de Aparecida* convivem tanto o sentido antropológico da comunicação, enquanto espaço de produção de cultura (espaço que precisa ser "conhecido e valorizado"), quanto o conjunto de recursos da informação como instrumentos a serem usados na evangelização (PUNTEL, 2012, p. 38-39).

No capítulo sobre comunicação, o *Documento de Aparecida* traz um elemento novo, que é o reconhecimento da comunicação como "nova cultura" que deve ser compreendida e valorizada. Os bispos se comprometem a "acompanhar os comunicadores", empenhando-se para

---

[2] Depois do Concílio Vaticano II (1962-1965), cada continente deveria realizar conferências continentais que aplicassem os ensinamentos da Igreja Católica Romana para o continente. A cada dez anos é realizada uma conferência com representantes do episcopado dos diversos países. As conferências e os documentos emitidos são denominados pelo nome da cidade de sua realização.

"promover a formação profissional na cultura da comunicação de todos os agentes e cristãos" (DAp, 2007, p. 219). O tema da formação dos comunicadores para atuarem no campo da comunicação é constante em todos os documentos da América Latina e do Caribe.

Do senso crítico à cultura digital

As referências nos documentos do magistério da Igreja demonstram a preocupação com o senso ou a consciência crítica e podem ser agrupadas nos tópicos desenvolvidos neste capítulo, que mostram a busca crescente para compreender e investir na formação continuada na área da Comunicação: a consciência crítica para a produção; a formação profissional e integrada; a comunicação no espaço educativo; o aspecto da interface comunicação com as pastorais; a transversalidade, dimensão social e políticas de comunicação, uma temática mais contemporânea sobre o contexto digital e a mudança no processo da comunicação; e, ainda, as associações de comunicação e sua contribuição na formação dos comunicadores.

O senso crítico entendido como a capacidade de questionar e analisar de forma racional e inteligente envolve uma dimensão política para saber escolher e opinar sobre os conteúdos dos meios de comunicação, sobretudo tendo em conta a ideologia que os rege. Senso crítico e consciência crítica estão em sintonia com o pensamento de Paulo Freire, tema amplamente discutido na década de 1960-1980 pelas organizações cristãs de comunicação. Diversos segmentos da Igreja Católica procuraram aprofundar e aplicar a temática da consciência crítica em congressos e cursos, resultando em publicações como de Neotti (1979)[3] e Libanio, para quem "a consciência crítica compreende o processo dialético de análise da realidade, considerando as condições e o lugar social em que se vive" (LIBANIO, 1978, p. 84-86).

Os escritos do magistério da Igreja sobre comunicação orientam para o aspecto crítico em relação ao "perigo" para os receptores, que uma programação não voltada a valores, mas "para os interesses políticos e econômicos" (PUNTEL, 1994, p. 43), pode acarretar. Mas foram os documentos da América Latina, como Medellín (1968) e Puebla (1979),

---

[3] A UCBC realizou um congresso em 1978 com o tema "Comunicação e Consciência Crítica". NEOTTI, Clarêncio (Coord.). São Paulo: Loyola, 1979. A CRB (Conferência dos Religiosos do Brasil) também organizou cursos sobre o tema, e três publicações de Libanio (1979).

que assumiram a formação da consciência crítica, conforme Paulo Freire. O tema é recorrente em diversos escritos do autor, que a entende como:

> a representação das coisas e dos fatos como se dão na existência empírica, suas correlações causais e circunstanciais [...] e é próprio da consciência crítica a sua integração com a realidade, enquanto que na ingênua o próprio é sua superposição à realidade (FREIRE, 1967, p. 105).

Para Freire, há um primeiro nível que "se caracteriza pela quase centralização dos interesses do homem em torno de formas mais vegetativas de vida", por lhe faltar historicidade ou, mais exatamente, "teor de vida em plano mais histórico"; é a "consciência intransitiva", uma limitação na esfera da apreensão. Outro nível de consciência se caracteriza por preocupações acima de interesses meramente vegetativos e "corresponde às zonas de desenvolvimento econômico mais forte. Esta consciência transitiva é, porém, num primeiro estágio, predominantemente ingênua e num segundo, predominantemente crítica" (FREIRE, 2002, p. 32).

> Na medida em que o homem amplia seu poder de captação e de resposta às sugestões e às questões que partem de sua circunstância e aumenta o seu poder de "dialogação" não só com o outro homem, mas com o seu mundo, se transitiva. Seus interesses e preocupações se alongam a esferas mais amplas do que à simples esfera biologicamente vital. Essa transitividade da consciência permeabiliza o homem (FREIRE, 2002, p. 35).

Importante mencionar as orientações da Igreja em relação à cultura digital com os documentos *Igreja e Internet* e *Ética na Internet* (2002). O Papa Bento XVI publicou por cinco anos consecutivos a mensagem para o Dia Mundial das Comunicações Sociais abordando a temática da cultura digital. O sentido de orientar as pessoas a estarem presentes no ambiente digital com atitude de respeito, escuta, amizade e solidariedade.

Teóricos da comunicação trazem a reflexão do senso crítico à cultura digital, chamando a atenção para uma atitude de vigilância para que a visão histórica e a reflexão teórica acompanhem o processo comunicacional, sendo que a visão filosófica, a psicológica ou a política devem ser consideradas "partes integrantes no processo da análise da comunicação digital" (DI FELICE, 2008, p. 14).

Formação ao senso crítico e à produção

A necessidade da formação para a comunicação, em diversos níveis, foi incentivada e recomendada pela Igreja, e constata-se um caminho progressivo também em relação ao conceito de comunicação. Inicialmente a preocupação estava mais voltada aos conteúdos assistidos; por isso, a formação do *senso crítico* diante dos meios, tendo em vista a influência que esses meios podem causar às pessoas. Esta é uma postura mais voltada à leitura das mensagens veiculadas pelo cinema, televisão, jornais, publicidade, rádio, Internet.

Por sua vez, percebeu-se também a necessidade da apropriação do conhecimento pelas comunidades para produzirem comunicação e intervirem na sociedade, pronunciando sua palavra. A formação para a produção em diferentes linguagens, como texto, áudio, imagem, entre outras, é recomendada pelos documentos da Igreja. Diante disso, foram criados centros de formação para capacitar tanto os profissionais quanto pessoas das comunidades que atuam nas mídias ou em meios comunitários.

A partir do século XX observa-se nos documentos oficiais da Igreja a preocupação com a influência que os meios de comunicação teriam sobre os fiéis, sobretudo o cinema. No tempo da indústria e desenvolvimento do cinema, o Papa Pio XI publicou, em 29 de junho de 1936, a Carta Encíclica sobre o cinema, *Vigilanti Cura*, ou seja, uma vigilância sobre o conteúdo dos filmes. A ação foi a de classificar os filmes para orientar os católicos; por isso, em muitas paróquias do mundo e também do Brasil, na década de 1950/1960 foram criados Cineclubes ou cinemas paroquiais para favorecer o lazer e a formação. Referindo-se aos existentes no Brasil, Neotti, diz que os Cineclubes tiveram papel importante no despertar de algum senso crítico e de vocações para a arte cinematográfica. Para ele, os Cineclubes eram fechados por pressão policial-militar nos anos 1970, porquanto eram proibidas reuniões de cunho político, cultural, religioso, e, especialmente, de jovens e estudantes universitários (CNBB Estudos, 1994, p. 93).

O Papa Pio XII, na Carta Encíclica sobre Cinema, Rádio e Televisão, *Miranda Prorsus*, de 8 de setembro de 1957, revela a preocupação com a "educação para os audiovisuais". Dirige-se ao receptor para que não assista com passividade aos espetáculos e chama para a necessidade de "formar os espectadores para assistir de uma maneira consciente e não passiva os espetáculos [...] para compreender a linguagem própria de cada uma dessas técnicas (MP, 1957, p. 19-20).[4]

A partir do Concílio Vaticano II, com o decreto sobre os meios de comunicação social, *Inter Mirifica* (1963), a Igreja recomenda a formação dos receptores de diversas culturas e idades. O decreto também explicita a necessidade da formação para que as lideranças atuem no campo da produção, uma vez que a comunicação requer pessoal especializado. "É indispensável pensar em formar, desde cedo, sacerdotes, religiosos e leigos que desempenhem tais tarefas. É preciso começar por preparar leigos do ponto de vista doutrinário, moral e técnico, multiplicando escolas, institutos e faculdades de comunicação" (IM, 1963, p. 17).

A Instrução Pastoral *Communio et Progressio* sobre os meios de comunicação social (1971), elaborada pela Comissão Pontifícia para as Comunicações a pedido do Concílio Vaticano II, durante pontificado de Paulo VI, traz uma visão de formação continuada em relação à comunicação, pedindo que seja acessível e adaptada a todos e "continuamente aperfeiçoada com a colaboração de especialistas" (CP, 1971, p. 42). O documento inclui a formação do jovem para que haja estímulo ao gosto artístico e, ao mesmo tempo, à apreciação crítica, à responsabilidade pessoal na escolha de leituras, filmes, emissões radiofônicas ou televisivas. Lembra e convida os pais e educadores a orientarem as crianças na escolha (CP, 1971, p. 43).

No caminho progressivo em vista da formação, a Instrução Pastoral *Aetatis Novae* (1992) traz um aspecto novo em relação à organização da comunicação, pedindo que esta faça parte dos planos pastorais. Mas para fazer parte desses planos é preciso formar-se na área da Comunicação. Disso resulta que "A educação e a formação para a comunicação devem fazer parte integrante da formação dos agentes pastorais e dos sacerdotes", pois eles precisam ter uma visão de conjunto sobre as novas tecnologias e sua influência na sociedade e nas pessoas. E o documento

---

[4] O envolvimento dos grupos católicos diante dos apelos do Papa resultou em ações também no campo da produção. Em 18 de março de 1938, Tiago Alberione, Fundador da Família Paulina, destacou dois padres para iniciarem o apostolado cinematográfico com a produtora *San Paolo Film*. A primeira produção foi "Abuna Messias", que ganhou o primeiro prêmio na Mostra de Veneza de 1939. Outros foram produzidos, sobretudo, no campo bíblico. Em 1950 foi realizada a produção cinematográfica *Mater Dei*, o primeiro longa-metragem colorido da Itália. Junto à produção, houve um trabalho de locação de filmes nas livrarias Paulus e Paulinas até a década de 1970, como serviço aos cinemas paroquiais. Outras informações: http://www.stpauls.it/asp/storia/default.htm (acesso em: 15/10/2013). No livro *L'Apostolato delle edizione* (Roma: Edizioni San Paolo, 1998), Giacomo Alberione dedica o capítulo III para falar do cinema: "L'Apostolato del cinematografo", p. 336-348.

explicita: "aos que se dedicam a esta missão, competência profissional, formação doutrinal e espiritual", bem como a urgência de um plano pastoral[5] (AN, 1992, p. 29-34), para organizar ações no campo comunicacional, e o diálogo da Igreja com a sociedade.

Outros documentos emitidos pelo Pontifício Conselho para as Comunicações, do Vaticano, referentes à "Ética nas Comunicações Sociais" (2000) e "Ética na Internet" (2002), são recorrentes no sentido de formar os receptores para que saibam discernir e selecionar as mensagens e, também, de compreender mais os conteúdos que as técnicas. "Mais do que meramente ensinar técnicas, a educação midiática ajuda as pessoas a formar padrões de bom gosto e de verdadeiro juízo moral, um aspecto da formação da consciência" (ECS, 2000, p. 34).

A consciência de que a mídia é uma espécie de "escola paralela" se revela na insistência da necessidade da educação para a recepção aos meios de comunicação. Em documentos como *Igreja e Internet* (2002) há uma constante referência ao acompanhamento que os pais devem dar aos filhos no que diz respeito à Internet. É uma recomendação à "leitura crítica" e à orientação para escolhas no âmbito familiar. A Igreja vê a família como a base onde o ser humano estabelece, nas relações primárias, sua visão e relação com o mundo, passando depois por outras instituições de referência como a escola e a própria comunidade eclesial. Com as novas mídias, a Igreja reitera que a educação e a formação precisam ir além da técnica, para que os jovens se sirvam das possibilidades das novas linguagens. O documento traz orientações para lembrar os jovens que precisam escolher e agir de acordo com os valores humanos e cristãos no espaço cibernético: "Através de suas escolas e programas de formação, a Igreja deve oferecer uma educação midiática deste gênero" (II, 2002, p. 17).

A recomendação da formação se estende a toda a liderança da Igreja, aos agentes de pastorais, educadores e catequistas, bem como às escolas, aos pais, às crianças e aos jovens, e a toda pessoa de boa vontade, visando "ajudar a adquirir uma forma de comunicar que transmita uma mensagem às sensibilidades e aos interesses das pessoas na cultura dos meios de comunicação social" (*Igreja e Internet*, 2002, p. 23).

---

[5] A expressão Pastoral refere-se às ações práticas em relação a diversas áreas de atuação e ao cuidado das pessoas. Dessa forma, a Pastoral da Comunicação (Pascom) diz respeito ao cuidado nesse campo e provém do termo bíblico Pastor (Jo 10), aquele que cuida, que fala a língua que as ovelhas entendem, que guia e orienta.

O Papa João Paulo II, na sua última Carta Apostólica, *Rápido Desenvolvimento* (2005), dirigida aos responsáveis pelas comunicações, reconhece o trabalho dos profissionais da comunicação, fala da necessidade de mudança de mentalidade e destaca três aspectos fundamentais: a formação, a participação e o diálogo. Em suas constatações sobre o fenômeno da comunicação, João Paulo II diz que essas mudanças levam a Igreja a uma revisão pastoral e cultural para que esteja em condições de enfrentar adequadamente a passagem histórica que estamos vivendo. Lembra a necessidade da formação e atenção pastoral aos profissionais da comunicação e acentua a necessidade da formação em relação às novas linguagens que "modificam o processo de aprendizagem e a qualidade das relações humanas e, por isso, sem uma formação adequada corre-se o risco de que os meios de comunicação, em vez de estarem a serviço das pessoas, cheguem a instrumentalizá-las e condicioná-las inadequadamente" (RD, 2005, p. 20). A carta também recomenda a qualidade das transmissões, com mensagens que respeitem a lei moral e sejam ricas de valores humanos e cristãos.

Formação profissional e integrada

Segundo as orientações dos documentos da Igreja, a formação precisa ir além da competência profissional e integrar elementos agregadores de sentido, como a dimensão antropológica, uma adequada formação humana, formação doutrinal, o conhecimento do público e a reflexão. Em relação ao conhecimento do público, afirma-se: "Quanto melhor conhecerem o público a que se dirigem o seu espírito e mentalidade, tanto melhor adaptarão as suas comunicações às exigências e aspirações desse mesmo público" (CP, 1971, p. 45-46). A Igreja do Brasil reafirma a visão antropológica que entende a comunicação não como um mero conjunto de tecnologias e de produtos, mas como um verdadeiro processo de relações "mediante a integração dos sujeitos e grupos sociais em ecossistemas abertos e criativos onde toda ação do cristão se converte numa partilha" (CNBB, 2011, p. 26).

Em relação à formação dos estudantes que se preparam ao ministério presbiteral (sacerdotal),[6] o documento entende que, por serem lideranças no anúncio da Palavra de Deus e educadores da fé, precisam se aprimorar por meio de cursos que os orientem sobre o significado

---

[6] A expressão presbítero designa o padre ou sacerdote que, na Igreja Católica Romana, faz parte das ordens ministeriais ou hierarquia: bispo, presbítero e diácono.

da comunicação social e o conhecimento das condições que regem sua utilização. "Esta formação deve ser matéria de estudo sistemático nos seminários e casas de formação religiosa" (MEDELLÍN, 1968, p. 221)

A capacitação nesse campo diz respeito também aos profissionais católicos para que possam dialogar com a sociedade, chamados a ser fermento para cumprir melhor sua missão, integrando-se no conhecimento e atuação nos meios de comunicação "para ampliar os contatos entre a Igreja e o mundo, e, ao mesmo tempo, contribuir na sua transformação". Para isso se pede que ela integre diferentes áreas: "conhecimentos teológicos, sociológicos e antropológicos e a formação para o 'senso crítico'" (MEDELLÍN, 1968, p. 217-223).

Diante da problemática latino-americana e suas implicações na evangelização, o tema da educação para a comunicação torna-se prioritário e inclusivo, da hierarquia aos agentes da PASCOM, estudantes, religiosos, com a visão da especificidade e da transversalidade e interface, para que a comunicação esteja presente em toda a ação pastoral, "a fim de que se adaptem as respostas pastorais a esta nova realidade e se integre a comunicação na pastoral de conjunto" (PUEBLA, 1979, p. 340). Outro aspecto popularizado que respaldou o trabalho da *leitura crítica* provém da Conferência de Puebla:

> Educar o público receptor para que tenha uma atitude crítica perante o impacto das mensagens ideológicas, culturais e publicitárias que nos bombardeiam continuamente, com o fim de neutralizar os efeitos negativos da manipulação e massificação (PUEBLA, 1979, p. 342).

No Brasil, os Estudos da CNBB (1997 e 2011) voltam ao tema da *formação para a comunicação* às lideranças religiosas, agentes da pastoral da comunicação, profissionais da comunicação, dando indicativos de um perfil do comunicador na Igreja e incentivando o planejamento da Pastoral da Comunicação. Ao indicar as modalidades de formação, reporta-se à necessidade de cursos sistemáticos[7] e ao "Currículo para o estudo de comunicação nos seminários" (2001) elaborado por professores de Comunicação com um plano de formação.

Na mesma direção, o documento da CNBB (1997) retoma alguns princípios da formação, como a participação e o diálogo, a formação dos comunicadores e de lideranças, a especificidade do trabalho dos

---

[7] Esse documento da Igreja indica diversos cursos e locais para realizá-los, entre eles, os do SEPAC (Estudos da CNBB, 1997, p. 79).

agentes de pastoral e da formação em nível local, regional e nacional. Recomenda, ainda, a mística da comunicação ou a espiritualidade, pois a formação para a comunicação tem um indicativo preciso voltado à reflexão: "A grande preocupação vai residir em valorizar o *pensar*. Isto é, compreender os mecanismos sociais que impedem os indivíduos e as comunidades de serem sujeitos ativos de sua comunicação" (Estudos CNBB 75, 1997, p. 15).

O *Documento de Aparecida* (2007), ao tratar da Pastoral da Comunicação, dá um salto qualitativo, quando pede o conhecimento, a competência e o compromisso:

> conhecer e valorizar esta nova cultura da comunicação, promover a formação profissional, formar comunicadores profissionais competentes e comprometidos com os valores humanos e cristãos na transformação evangélica da sociedade, com particular atenção aos proprietários, diretores, programadores, jornalistas e locutores, educar para a formação crítica quanto ao uso dos meios de comunicação a partir da primeira idade (DAp, 2007, p. 219).

A Pastoral da Comunicação não envolve apenas a atuação em meios de comunicação, nem pode ser reduzida a isso, "pois ela é elemento articulador da vida e das relações comunitárias" (CNBB, 2014, p. 193). Este é um desafio, uma vez que a formação integral e profissional faz parte de um projeto a ser colocado em prática em todas as comunidades e níveis.

A comunicação no espaço educativo

O pensamento da Igreja sobre comunicação não se restringe ao âmbito religioso, mas abre-se ao espaço educativo, graças à assessoria de pesquisadores e especialistas na área, que são convidados para a reflexão. Isso se revela na publicação de Estudos da CNBB, "A comunicação na vida e missão da Igreja no Brasil" (2001), com uma abordagem do pensamento comunicacional contemporâneo, a nova cultura, as transformações sociais, culturais e antropológicas pelas quais passa o ser humano, as comunidades e instituições.

Ao considerar a formação e novas competências, o texto diz que é preciso pensar uma forma específica no âmbito da comunicação, tendo em vista a autenticidade e eficácia da comunicação na própria Igreja. A proposta é de uma comunicação que vá além da aprendizagem e dos elementos técnicos, "próprios do fazer midiático", e tenha em conta as condições para uma comunicação dialógica. O que o estudo pretende é alargar a assimilação e o envolvimento da comunicação para além dos especialistas e produtores e que as pessoas entendam que ela deve estar presente nos percursos para formar o cristão, envolvendo a família, a escola, a paróquia, as associações. A insistência é de que o processo formativo acompanhe a missão de todos quantos fazem parte das comunidades.

O conceito de Educomunicação se faz presente no documento, entendida como o conjunto das ações voltadas a criar, desenvolver ambientes que favoreçam a expressão dos indivíduos e grupos humanos, "mediante a gestão compartilhada e democrática das linguagens e tecnologias da informação, de forma a garantir intencionalidade educativa a todo esforço comunicativo, tendo em vista o pleno exercício da cidadania" (CNBB, 2011, p. 43).

A visão de comunicação parte da dimensão antropológica do ser humano em relação com o outro e a comunidade, na integração com grupos sociais "ecossistemas comunicativos abertos e criativos" onde se aprende como construir novas relações. Daí a necessidade de elaborar um referencial que possibilite "entender o processo de comunicação mais como um acontecimento centrado na pessoa e nas relações entre os homens, do que como um fenômeno mediado pelas tecnologias" (CNBB, 2011, p. 25). Essa rede de relações que se difunde pelas novas tecnologias tem em vista o diálogo com as diferentes culturas.

Considerando que a Educomunicação faz parte do olhar comunicacional nas comunidades, alguns aspectos são evidenciados no texto, como: o ecossistema educativo, os âmbitos e formação no processo, as interfaces comunicacionais adotadas; a escola e a comunicação social e campos de intervenção que se evidenciam na gestão e no planejamento. A preocupação da Igreja quanto ao tema não se restringe ao âmbito educacional ou à participação na comunidade, mas compreende que a relação com a mídia passa pelo cotidiano em todos os momentos em que o ser humano está em relação com alguém ou com as coisas.

No que diz respeito à abrangência do processo comunicacional, o estudo da CNBB adota os conceitos da Educomunicação, falando de um projeto a ser desenvolvido nos âmbitos da educação para o processo comunicativo, em si mesmo, voltado a incluir a ação comunicativa entre as preocupações pastorais da Igreja, tanto em nível individual quanto grupal e setorial, de caráter eminentemente existencial e testemunhal; o da educação para o exercício da produção de conteúdos evangelizadores, de caráter enunciativo, e o da educação para a convivência no mundo da informação, incluindo tanto a relação com a indústria da informação, recepção crítica da mídia, quanto o uso estratégico dos recursos da informação na ação evangelizadora (CNBB, 2011, p. 58).

A educação para a comunicação é acentuada e assumida pela Igreja no Brasil, dedicando um capítulo no Diretório (CNBB, 2014), que retoma orientações anteriores e a estende para suas lideranças, recomendando que esta formação seja sistematizada. Nos seus objetivos aponta três eixos: a educação para processos dialógicos, a análise crítica perante os meios de comunicação e oferecer formação para o uso adequado dos recursos para o bem comum e, ao mesmo tempo, para as novas linguagens, o que revela o empenho em trabalhar a comunicação como processo e não apenas como meios (CNBB, 2014, p. 168-171). O documento também indica oito âmbitos de atuação na educação para a comunicação: familiar, escolar, comunitário, político, profissional, pastoral, da recepção midiática e da alfabetização digital (CNBB, 2014, p. 173-182), expandindo possibilidades de atuação não só no interno, mas também em outros segmentos.

Interface comunicação e pastoral: novas linguagens

A compreensão de que a comunicação permeia a sociedade e as ações pastorais da Igreja faz-se presente nos documentos que orientam esta reflexão e prática. Ao mesmo tempo que é preciso formar pessoas para atuarem de modo eficaz nos trabalhos específicos de comunicação, promove-se a consciência de que não basta ter uma área que a ela se dedique, mas um olhar transversal nos projetos pastorais. É incisiva a afirmação de que "não é suficiente ter um plano de pastoral da comunicação, mas é necessário que a comunicação faça parte integrante de todos os planos pastorais", visto que a comunicação contribui para todas elas (AN, 1992, p. 28).

Há uma consciência crescente sobre a necessidade de um pensamento comunicacional na educação da fé, tendo em conta a formação de educadores no campo da catequese e também da qualificação da comunicação nos momentos celebrativos, a comunicação na liturgia (PUEBLA, 1979, p. 341). Considerar a comunicação de modo transversal passa pela maneira de comunicar, lembrando também a comunicação nas celebrações, nas mobilizações populares, na comunicação da Palavra, nas homilias, nas linguagens (CNBB, 1997, p. 14-15).

No campo das interfaces, coloca-se como objetivo do plano de pastoral a mudança de mentalidade de todos os membros da comunidade, envolvendo visão mais abrangente à vida da Igreja. Aqui são considerados pontos como: "entender e falar as novas linguagens midiáticas", "integrar a mídia com a pastoral". Um aspecto novo está na atribuição de educomunicador para um serviço de formação na linha da fé:

> formar os catequistas como educomunicadores – desenvolver nos catequistas e nos agentes de pastorais (...) a habilidade necessária para: a) entender o mundo da comunicação e os seus impactos na catequese; b) introduzir as novas tecnologias nos encontros de catequese para familiarizar os agentes no uso desses recursos, em benefício do processo catequético; c) renovar métodos da catequese, levando em consideração as contribuições oferecidas pelas tecnologias e processos comunicativos; d) ampliar a capacidade dos catequizandos em usar as tecnologias da informação e da mídia para a difusão da fé (CNBB, 2011, p. 76).

Diante das mudanças culturais que propiciam novas linguagens, novos modos de expressão, o Documento de Puebla falou de "situações novas que nascem de mudanças socioculturais a exigirem uma outra evangelização" (CELAM, 1979, p. 180); e também o de Santo Domingo insistiu na necessidade de uma "nova evangelização" (CELAM, 1992, p. 216). Mas é João Paulo II quem vai consagrar a expressão "Nova Evangelização", explicitando em que consiste a novidade: "novo ardor, novos métodos e novas expressões" (idem, p. 18), que passam pelas linguagens. Ao falar das mudanças de métodos, necessárias ao diálogo com a sociedade atual, é explícito: "É exigência da missão a renovação dos costumes, estilos, horários e linguagem" (CNBB 100, 2014, p. 37).

Adotar as novas linguagens da comunicação na educação da fé é um desafio, pois os educadores têm planos de aulas, conteúdos em aulas sistemáticas que exigem do especialista em catequese conhecimentos e habilidades de comunicação para trabalhar com o aluno, normalmente criança, adolescente ou jovem imerso nas tecnologias e com os referenciais que as mídias oferecem. Daí a necessidade de o especialista em catequese adquirir as habilidades de educomunicador, para lidar com diferentes saberes e gerações. Esta ideia é reiterada para que, na catequese, seja adotada uma metodologia educomunicativa que favoreça a formação, "denominada prática educomunicativa" (CNBB, 2014, p. 177), o que indica assumir uma nova postura em relação a novos métodos e à centralidade da comunicação nas pastorais.

A linguagem é um aspecto importante para que a comunicação esteja próxima do cotidiano e da realidade das pessoas, sobretudo das crianças e jovens.

> Para maior eficácia na transmissão da mensagem, a Igreja deve lançar mão de uma linguagem atualizada, concreta, direta, clara e ao mesmo tempo, caprichada. Esta linguagem deve ficar próxima da realidade que o povo enfrenta, de sua mentalidade e religiosidade, de tal sorte que possa ser facilmente captada; por isso, é preciso levar em conta os sistemas e recursos da linguagem audiovisual própria do homem hodierno (PUEBLA, 1979, p. 342).

A consciência de que a comunicação faz parte do cotidiano e perpassa as ações da Igreja nas diversas áreas é reafirmada no Diretório da Comunicação, que dedica o capítulo III em diversos aspectos da vivência da fé como religiosidade popular, catequese, celebrações litúrgicas. Há um reconhecimento da inter-relação com os demais campos: "Um dos aspectos da formação são os cursos de comunicação na catequese, na liturgia e nas demais pastorais" (CNBB 99, 2014, p. 195).

Políticas de comunicação

O campo das políticas de comunicação abordado nos documentos da Igreja mostra-se na sua participação enquanto parte da sociedade civil e no seu diálogo com ela. Ao declarar que a Igreja tem o direito e o dever de possuir e usar os meios de comunicação "úteis à educação cristã", a Igreja recebe o mandato de participar da vida da sociedade. As políticas públicas e a intervenção na sociedade são consequência de uma visão que se pauta por princípios e valores como "a participação pública nos atos decisórios acerca das políticas de comunicação. Em todos os níveis, essa participação deveria ser organizada, sistemática e genuinamente representativa, não inclinada ao favorecimento de grupos particulares" (ECS, 2000, p. 32).

No caso das políticas públicas, coloca-se o interesse do interlocutor e das suas necessidades, e não apenas os interesses de audiência e lucro. Conforme palavras do Papa João Paulo II, os comunicadores

> devem procurar comunicar-se com as pessoas e não apenas falar a elas. Isso exige um interesse pelas necessidades delas, a consciência das suas lutas e a apresentação de todas as formas de comunicação com a sensibilidade que a dignidade humana exige (João Paulo II, *Discurso aos Especialistas da Comunicação*, Los Angeles, 15 de setembro de 1987).

As políticas também se voltam ao público das crianças, pedindo a intervenção para "suscitar leis para promover uma cultura que proteja as crianças, os jovens e as pessoas mais vulneráveis, para que a comunicação não transgrida os valores e, ao contrário, criem critérios válidos de discernimento" (DAp, 2007, p. 220).

As políticas da Igreja voltam-se para a dimensão social e a constatação da situação de pobreza, marginalização e injustiça que acomete grande parte da população latino-americana, e "de violação dos direitos humanos; a Igreja, no uso de seus meios próprios, deve ser cada dia mais a voz dos desamparados, apesar dos riscos que isto implica" (PUEBLA, 1979, p. 343). A disposição de assumir a causa dos desamparados requer uma formação que não se restrinja a aspectos técnicos ou a um trabalho no interno da comunidade, mas que prepare pessoas capazes de interferir nos processos, em vista da transformação e do diálogo com a sociedade, o que é destacado no magistério do Papa Francisco.

> Apesar de se notar uma maior participação de muitos nos ministérios laicais, este compromisso não se reflete na penetração dos valores cristãos no mundo social, político e econômico; limita-se muitas vezes às tarefas no seio da Igreja, sem um empenhamento real pela aplicação do Evangelho na transformação da sociedade. A formação dos leigos e a evangelização das categorias profissionais e intelectuais constituem um importante desafio pastoral (EG, 2013, p. 85).

O Diretório de Comunicação, documento que orienta a comunicação da Igreja no Brasil, tem um enfoque nas políticas para os meios de comunicação, que dizem respeito a outorgas, conforme a Constituição Federal, direitos e deveres, à liberdade de expressão e contribuição no debate em favor de políticas públicas, à participação no debate político sobre diversos temas que dizem respeito à vida cidadã, tendo em vista garantir seu espaço para o diálogo neste espaço público, que são as comunicações (CNBB, 2014, p. 154-164).

Porém, as políticas de comunicação não estão explícitas no interior da instituição (Igreja), não obstante se possa considerar que a própria Pastoral da Comunicação se constitui em uma política. Agregue-se a isso o fato de que, ao falar de educação para a comunicação e recomendar a metodologia da Educomunicação (CNBB, 2014, p. 177), que inclui o processo dialógico e, portanto, uma comunicação horizontal numa instituição hierárquica, o que pode ser contraditório, abrem-se espaços para o diálogo. Ao falar de "Igreja e mídia", o Diretório da Comunicação aborda a "Comunicação popular e alternativa" (CNBB, 2014,

p. 115-116), na qual o povo é protagonista, e que pode ser entendida como uma política, mas isso não está explicitado. Ao falar da presença na mídia e também dos meios próprios, a preocupação é *como* estar na mídia, manter os valores éticos, trabalhar em conjunto, o que faz parte de seus princípios, mas sem referência a que esta seja uma política.

Formação no contexto digital e mudança no processo da comunicação

Ciente de que as mudanças tecnológicas afetam as pessoas e seu relacionamento, e de que as redes reconfiguram e indicam outra maneira de organizar a experiência humana, a Igreja se mostra atenta acompanhando não só as mudanças tecnológicas, mas procurando compreendê-la. Em 2002 o Pontifício Conselho das Comunicações Sociais publicou dois documentos abordando o tema da cultura digital: *Igreja e Internet* e *Ética na Internet*.

Há uma evolução no pensamento da Igreja sobre comunicação[8] que demonstra o interesse, a pesquisa e a necessidade de compreender e orientar os fiéis sobre este tema tão atual, que interfere no cotidiano, reconfigura o modo de produzir cultura e de se relacionar de forma interativa no processo da comunicação e na relação produtores e receptores. O documento assinala o caráter de mudança no processo da comunicação pela interatividade na Internet: "já está ofuscando a antiga distinção entre aqueles que comunicam e os destinatários da comunicação, e dando uma forma a uma situação em que, pelo menos potencialmente, cada um pode desempenhar ambas as funções" (PCCS, 2002, p. 15).

Os documentos sobre Internet são estudados por Puntel (2010), que identifica a abertura da Igreja para a cibercultura e mostra que a educação e a formação constituem área de desafios e oportunidades e que a "Igreja deve oferecer uma educação mediática deste gênero" (PCCS, 2002, p. 17). Referindo-se à formação, são lembrados crianças, jovens, lideranças para que se preparem e tenham discernimento. O incentivo é de que as pessoas estejam na Internet de forma criativa "para assumirem as responsabilidades que lhe cabem e para ajudarem a Igreja a cumprir sua missão". Esse documento volta a recomendar a formação aos líderes da Igreja para que compreendam os meios de comunicação

---

[8] Os documentos da Igreja sobre comunicação estão reunidos no compêndio *Comunicação Social na Igreja*: documentos fundamentais, organizado por Noemi Dariva, São Paulo: Paulinas, 2003.

e saibam inseri-los nos planos pastorais. "Onde for necessário, eles mesmos deveriam receber formação no campo das comunicações" (PCCS, 2002, p. 22).

A importância do tema das mídias digitais se revela no Diretório de Comunicação da Igreja no Brasil,[9] que traz um capítulo intitulado "Igreja e mídias digitais", evidenciando a mudança na forma tradicional de relacionarem-se, as novas linguagens, a conexão e a interatividade. O documento fala da necessidade de que essa nova cultura seja compreendida e assumida, lembrando as possibilidades pastorais e de organizar-se para agir com criatividade e abrindo-se ao diálogo e à escuta, neste espaço que favorece a troca de informações. Organizar um capítulo sobre mídias digitais pode também revelar deslumbramento ou, novamente, a setorização existente nas mídias tradicionais, hoje desafiadas pela cultura da convergência.

As mídias digitais, pela sua interatividade, mudam e questionam o processo de comunicação também em relação à autoridade e à hierarquia estabelecida na sociedade. Em relação à autoridade, hierarquia e network, o teólogo italiano Antonio Spadaro (2012) trabalha o exemplo da autoridade na Igreja e levanta três questões: a primeira, em relação à informação instantânea em que as pessoas podem acompanhar e seguir as informações do Vaticano em tempo real e importar-se menos com as comunicações locais. A segunda questão é em relação à autoridade "hierárquica", antes colocada no centro e hoje, com as muitas informações, fica obscurecida. Para o teólogo, na rede a autoridade não desapareceu, mas há o risco de ficar ainda mais oculta.

> O terceiro momento crítico e mais decisivo e geral desta horizontalidade é o hábito de prescindir de uma transcendência, o enfraquecimento da capacidade de retorno a uma realidade e a uma alteridade que nos supera em favor de um nivelamento do contato direto e da autorreferencialidade (SPADARO, 2012, p. 86).

Por cinco anos consecutivos, a mensagem do Papa Bento XVI para o Dia Mundial das Comunicações, celebrado no mundo inteiro no dia da

---

[9] Este Diretório foi uma iniciativa da Comissão Episcopal Pastoral da Comunicação, assessorada por especialistas e pesquisadores no campo da comunicação e Igreja, que trabalhou por diversos anos e que, na redação final, o sistematizou em nove capítulos, sendo aprovado em 13 de março de 2014, na 83ª Reunião ordinária do Conselho Permanente da CNBB, em Brasília, DF.

Ascensão do Senhor, tratou da temática das tecnologias e redes sociais.[10] Os textos orientam uma temática de reflexão em torno da convivência no mundo digital, colaborando no cultivo dos valores humanos e cristãos: "Desejo encorajar todas as pessoas de boa vontade, ativas no mundo emergente da comunicação digital, a que se empenhem na promoção de uma cultura do respeito, do diálogo, da amizade". E convidando os jovens para que "povoem o continente digital", o incentivo a viver esses valores e educar-se para estar neste ambiente.

> O ambiente digital não é um mundo paralelo ou puramente virtual, mas faz parte da realidade cotidiana de muitas pessoas, especialmente dos mais jovens. As redes sociais são o fruto da interação humana, mas, por sua vez, dão formas novas às dinâmicas da comunicação que cria relações; por isso uma solícita compreensão por este ambiente é o pré-requisito para uma presença significativa dentro do mesmo (Bento XVI, 2013).[11]

A cultura das redes sociais e as mudanças nas formas e estilos da comunicação colocam sérios desafios, por isso, a mensagem recomenda aos fiéis autenticidade nas redes sociais, evidenciando a partilha da fonte profunda da sua esperança e da sua alegria. Para o estudioso da Ciberteologia, talvez tenha chegado a hora de dar um passo adiante, buscando um *status* mais preciso para esta disciplina que parece tão difícil de ser definida. O prefixo *ciber* está ligado à cibernética, aplica-se ao ciberespaço que tem relação com o mundo digital, envolvido por atividades eletrônicas, acesso à internet, navegação em páginas digitais, redes sociais digitais.

Aqui o prefixo *ciber* junta-se à Teologia, que é o estudo da fé. Por ser ainda pouco usado esse termo, o teólogo aponta que a reflexão ciberteológica se iniciou, mas na incerteza de ter um *status* epistemológico. Daí que há vários entendimentos sobre a compreensão da Ciberteologia: uma Teologia em termos de internet e de comunicação avançada, a reflexão pastoral de modo a comunicar o Evangelho na rede, o fenômeno religioso na internet, a rede como o lugar das capacidades espirituais. Entendendo que as tecnologias digitais modificam o modo de comunicar e até mesmo

---

[10] 2009 – "Novas tecnologias, novas relações. Promover uma cultura de respeito, de diálogo e de amizade"; 2010 – "O sacerdote e a pastoral no mundo digital: os novos meios a serviço da Palavra"; 2011 – "Verdade, anúncio e autenticidade de vida, na era digital"; 2012 – "Silêncio e Palavra, caminho de Evangelização"; 2013 – "Redes sociais: portais de verdade e de fé; novos espaços de evangelização".

[11] <http://www.vatican.va/holy_father/benedict_xvi/messages/communications/documents/hf_ben-xvi_mes_20130124_47th-world-communications-day_po.html>. Acesso em: 12/11/2013.

de pensar, a pergunta que se coloca é que impacto provocarão no modo de fazer teologia? A partir dessas e outras indagações, o autor assume a

> Ciberteologia como o estudo da espiritualidade que se manifesta *na e através da* internet e das representações e imaginações hodiernas do "sagrado". Portanto, trata-se da reflexão sobre as mudanças na relação com Deus e com a transcendência. [...] É necessário considerar a Ciberteologia como a *inteligência da fé em tempos de rede*, isto é, a reflexão sobre a "pensabilidade" da fé à luz da lógica da rede (SPADARO, 2012, p. 40).

Em seu artigo sobre o sagrado no ciberespaço, denominado por Rios como "cibersacro", ou seja, a busca do sagrado na Internet, o autor afirma que é cada vez mais crescente a busca dos jovens pelo sagrado no ciberespaço na contemporaneidade. Eles são seus maiores promotores e difusores, pois estão interagindo com a comunicação midiática e as redes telemáticas. No cotidiano, observa-se que os usuários mais frequentes dos aparatos tecnológicos são justamente eles, e isto cada vez mais cedo, sendo comum as crianças crescerem com as inovações eletrônicas, agregadas à realidade do dia a dia, tornando-se assim parte de seu processo de desenvolvimento. Para Batista, o cibernauta, ao adentrar em um mundo virtual, além dos recursos hipermidiáticos que o seduzem,

> caso ele seja católico irá ser atraído pelo cibersacro, em virtude da sua experiência no mundo real e sua vontade de estender para uma nova multiplataforma midiática suas buscas pessoais. Acostumado com a simbologia da sua religião e com as reproduções sígnicas do ciberespaço, não terá dificuldades em ser adepto e promotor do cibersacro. Será seu difusor, mesmo sem conscientemente conceber isso (BATISTA, 2008, p. 194).

Na nova *ágora*, esta praça pública e aberta onde as pessoas partilham ideias, informações, opiniões, as novas relações e formas de comunidade podem ganhar vida, porque reconfiguram outra maneira de produzir cultura, de se relacionar, de organizar a experiência humana, de testemunhar a fé.

Um dos desafios nos tempos de Rede são também as novas relações que se estabelecem com tecnologias mediadas, onde a autonomia e a liberdade do sujeito parecem estar mais restritas devido à complexidade das redes de relações. A formação, no ontem e no hoje, em sua metodologia e linguagens, no espaço formal ou não formal, continua sendo o desafio não só no campo profissional, mas para as pessoas da comunidade. O conhecimento das linguagens e dos novos modos de comunicar possibilita que educadores e agentes comunitários e sociais discutam a sociedade em que estamos imersos e, ao mesmo tempo, capacitem-se para atuar com competência e compromisso nesse contexto.

A Carta Apostólica *Evangelho da Alegria* fala a partir de um contexto marcado pela cultura midiática, das Redes, e pela comunicação global. Assinala a importância da pessoa que comunica, o diálogo, o acolhimento, tendo em conta o interlocutor e não a comunicação de mão única. Em relação aos meios de comunicação, produção e recepção, recomenda atitude vigilante e crítica no modo de fazê-la, tanto no interno da Igreja quanto em relação ao sistema, para que não se abra mão da mensagem integral do Evangelho.

Entre os desafios do mundo atual, na cultura globalizada, com a influência dos meios de comunicação, o Papa Francisco aponta a educação para a comunicação e uma atitude crítica para não nos deixarmos levar pela cultura dominante, que valoriza o imediato, o superficial, a aparência, o provisório, mas que ocupemos nosso espaço com ousadia, produzindo uma comunicação comprometida no anúncio do Evangelho. "Torna-se necessária uma educação que ensine a pensar criticamente e ofereça um caminho de amadurecimento nos valores" (EG, 2013, n. 64).

Na Carta Encíclica *Laudato si'*, o Pontífice traz uma visão da comunicação integrada, onde os seres humanos, a natureza e a técnica estão interligados. A expressão "tudo está interligado" é repetida várias vezes, lembrando pessoas, meios de comunicação e o mundo digital para o qual orienta formação e visão integrada. Em se tratando das descobertas tecnológicas como a revolução digital, a nanotecnologia, que ele considera continuidade da criação e resultado da criatividade e da inteligência humana, enquanto agradece, coloca "a casa comum" numa encruzilhada: como colocar a tecnociência a serviço de um desenvolvimento sustentável? Pode-se afirmar que esta carta reflete uma comunicação comprometida com valores solidários para a transformação da realidade, onde o ser humano e a natureza estão interligados.

Associações de comunicação, formação e articulação

Antes mesmo de ter meios de comunicação próprios, a Igreja organizou associações de comunicação com o intuito de que a presença de profissionais católicos nas mídias fossem um diferencial, sobretudo nos conteúdos. Em 1928 surgiram três organizações em nível internacional, para a imprensa, o cinema e vídeo, para o rádio e a televisão: Organização Católica Internacional de Imprensa (UCIP), Organização Católica Internacional de Cinema (OCIC), União de Radiodifusão Católica (UNDA), para o Rádio e a TV. Na América Latina essas associações se organizaram[12] e colaboraram com a reflexão e orientações para as práticas da comunicação, especialmente a partir das Conferências de Medellín e Puebla. Soares explicita que nos encontros dos organismos continentais dedicados à implementação da pastoral dos vários veículos foram "fundadas a partir de 1959, com a colaboração de especialistas brasileiros, tanto eclesiásticos como leigos" (SOARES, 1988, p. 77). No Brasil,[13] as organizações católicas se inserem, em especial, na reflexão e nas práticas da comunicação da Igreja e no diálogo com a sociedade.

A partir de 2001, internacionalmente, foi criada uma única Associação para reunir e representar as mídias católicas, denominada SIGNIS, com a ideia de convergência para agregar os meios de comunicação e profissionais das diferentes áreas. No Brasil, houve um processo de reflexão para repensar a missão das entidades já existentes, uma vez que a SIGNIS teria este espírito convergente.[14] Assim anunciada por Dom Orani João Tempesta, presidente da Comissão Episcopal para a Comunicação na CNBB: "acabamos de ver nascer neste ano a Signis Brasil", criada em dois de dezembro de 2010, "que terá a importante missão de unir toda a mídia católica de nosso país, organizando-a por áreas de atuação e dinamizando-a, para que exerça ainda melhor o seu carisma como presença católica em nosso país" (CNBB, 2011, p. 5).

As entidades, com seus profissionais e pesquisadores, colaboraram com a Equipe de Reflexão de comunicação da CNBB com especialistas das diversas áreas, para assessorar o Setor de Comunicação, conforme documento:

---

[12] Como América Latina, algumas das organizações conservam o nome acrescentando ao final AL (América Latina), sendo que para a imprensa chamou-se União Católica Latino-americana de Imprensa (UCLAP); para rádio e televisão, Associação Latino-americana para o Rádio e a Televisão (UNDA - AL) e para o cinema e vídeo, Organização Católica Internacional de Cinema para a América Latina (OCIC-AL).

[13] A UNDA-Brasil foi criada em 28 de abril de 1976; a OCIC-Brasil, em 20 de maio de 1984; a UCBC (União Cristã Brasileira de Comunicação), em 18 de julho de 1969, para a imprensa, e, no espírito do Concílio Ecumênico Vaticano II, constituiu-se associação ecumênica. A ata de dissolução da UCBC foi realizada em assembleia, em São Paulo, no dia 27 de novembro de 2010.

[14] Com a criação de Signis Brasil, as associações anteriores deixam de existir.

A equipe começou em São Paulo, na sede da revista *Família Cristã*, em encontro de 25 e 26 de novembro de 1979, convocado por Dom Eduardo Koaik e coordenado por Irmã Maria da Glória Bordeghini, a fim de estudar a pastoral nos e dos Meios de Comunicação, com a participação de 12 especialistas. No final do encontro, o então Secretário-Geral da CNBB, Dom Luciano Mendes de Almeida, transformou o grupo em Comissão Permanente de Assessoria à Conferência (CNBB 72, 1994, p. 20).

Bordeghini dedicou-se à organização do então Setor de Comunicação da CNBB, sucedendo ao padre Alfredo Novack, que animava a Campanha da Fraternidade. A religiosa testemunha: "Planejamos a animação na criação dos Setores Diocesanos de Comunicação (viajei para muitas dioceses do Sul ao Norte do Brasil), reuniões da Equipe de Reflexão sobre Comunicação da CNBB, reunião das Editoras Católicas, com reuniões periódicas e outros Projetos".[15]

Neste mesmo estudo são lembradas as escolas de comunicação, institutos e centros dedicados à formação, alguns em nível regional e outros em nível nacional, com o objetivo de formar e capacitar pessoas para que tenham uma ação eficaz. Há alguns centros, sobretudo de comunicação popular, que mantêm cursos para líderes de comunidades e agentes de pastoral. Embora não correspondam ao nível universitário, são de capacitação e têm ajudado muito. "Entre todos se destacam por sua qualidade os dados pelo SEPAC em convênio com a Universidade São Francisco, em nível de pós-graduação *lato sensu* e de extensão cultural" (CNBB, 72, p. 119).[16]

A equipe de reflexão, renovando-se em cada época, assessorou na produção de diversos textos publicados nos Estudos e documentos da CNBB em temáticas da comunicação na Igreja. Uma das mais recentes contribuições foi ao *Diretório da Comunicação para a Igreja no Brasil*, aprovado em 2014.

A formação para a comunicação permaneceu na pauta, pois ainda no programa para o biênio 1986-87, constatou-se a carência de comunicadores comprometidos com a transformação da realidade, e a necessidade de que tenham uma visão eclesial. Portanto, também as Escolas de Comunicação deveriam ter um posicionamento pastoral mais

---

[15] Depoimento de Ir. Maria da Glória Bordeghini, por e-mail, a Corazza, em 18 de julho de 2014, que trabalhou na CNBB de novembro de 1978 a 1985.

[16] Trata-se do Curso de Especialização teórico-prático em Comunicação Social, realizado em módulos intensivos, que de 1990 até 2000 teve o convênio com a USF (Universidade São Francisco), realizado também como extensão cultural.

claro de seu papel, não só quanto à qualidade profissional como também no compromisso com os valores éticos. Por isso é importante que "as Faculdades Católicas de Comunicação continuem a questionar sua identidade e seu papel na formação de agentes de pastoral e de lideranças no campo da Comunicação" (CNBB 72, 1994, p. 118).

A proposta da formação para a comunicação na América Latina assumiu o compromisso de ser "dialógica e participativa", como alternativa à grande imprensa, ao sistema político e econômico e, ao mesmo tempo, para que as pessoas sejam preparadas para o diálogo com a sociedade com novas linguagens, no contexto da comunicação como cultura cotidiana. A evangelização está diante do desafio de uma "nova cultura criada pelas modernas comunicações [...] esta cultura nasce menos dos conteúdos do que do próprio fato de existirem novos modos de comunicar com novas linguagens" (JOÃO PAULO II, 1992, p. 64).

As expressões novas linguagens e novos modos de comunicar são um tema recorrente na pastoral para o diálogo com a sociedade contemporânea, já presentes nas orientações, que usa metáforas como deixar a "segurança da margem e se apaixonar pela missão de comunicar vida aos demais" (DAp, 2007, p. 166).

Ao falar da evangelização o Papa Francisco lembra que todos têm o direito de receber o Evangelho e é dever do cristão anunciá-lo, sem excluir ninguém, e "como quem partilha uma alegria, indica um horizonte estupendo, oferece um banquete apetecível. A Igreja não cresce por proselitismo, mas 'por atração'" (FRANCISCO, 2013, p. 16).

Capítulo 3

Linguagens e a reconfiguração comunicativa dos modos de narrar

Enquanto representarmos a técnica como um instrumento, ficaremos presos à vontade de querer dominá-la. Todo nosso empenho passará por fora da essência da técnica.
(Martin Heidegger)

A mudança nos modos de narrar, na cultura contemporânea, faz parte das linguagens e saberes marcados pela entrada de novos códigos e combinações, que criam sentidos, ampliando os modos de perceber, de sentir e de pensar, que articulam a lógica e a intuição. As expressões plurais e sensoriais na linguagem oral, escrita, sonora, imagética, digital, de forma linear ou não linear, são maneiras de conhecer e narrar o mundo com janelas simultâneas, potencializadas pelas conexões da comunicação mediadas pelas tecnologias.

A linguagem é uma característica própria do ser humano, enquanto racional, o que garante sua interação social. Essa capacidade comunicativa no convívio social favorece a troca de mensagens, produzidas por um sistema de signos verbais, sonoros, visuais e táteis, que evoluem com as combinações e a hibridização da linguagem, de modo que a comunicação está em trânsito, e se torna necessário estabelecer diálogos para a ampliação do campo educativo e comunicacional.

O ser humano manifesta de forma privilegiada a sociabilidade como dimensão essencial do existir. A linguagem unifica o mundo dos objetos e dos sentidos e é fundamental na organização da vida social, nas inter-relações, assumindo diversidade de formatos na produção pela mídia. O sentido das linguagens abordado é da complexidade das maneiras de narrar, assumidas pela mídia, da linguagem verbal, passando pelo texto escrito, visual, sonoro e do hipertexto; linguagens complexas, que "resultam da capacidade de se cruzar, numa mesma situação, vários tipos de signos, hibridizando-os" (CITELLI, 2006, p. 137).

Para pensar, de maneira ampliada, a circulação da linguagem verbal nos meios de comunicação, é necessário levar em conta os sistemas complexos de produção dos sentidos, os fluxos, cruzamentos, interpenetrações, interposições, ajustes e afastamentos de códigos e sistemas de linguagem que elaboram as significações nos ambientes midiáticos. Da mesma forma, palavras, sons, imagem, música, ordenados em uma nova totalidade significativa, criam novos significados e linguagens. São combinações nesse mecanismo sinergético, "toda ela movida por migrações, passagens e cruzamentos entre suportes, dispositivos técnicos, recursos digitais, linguagens" (CITELLI, 2006, p. 137).

Linguagens como dispositivos

Sem entrarmos em discussões filosóficas ou linguísticas, e considerando que não se reduzem à técnica, mas que há uma hibridização, podemos entender que as linguagens da mídia se configuram como dispositivos que são, conforme Agamben, "qualquer coisa que tenha de algum modo a capacidade de capturar, orientar, interceptar, modelar, controlar, assegurar os gestos, as condutas, as opiniões, os discursos dos seres viventes" (AGAMBEN, 2009, p. 40). O autor discorre sobre os diversos dispositivos como a caneta, a escritura, o cigarro, a navegação, os computadores e, "por que não, a própria linguagem, que talvez é o mais antigo dos dispositivos" (AGAMBEN, 2009, p. 41).

Esses dispositivos provocam uma confluência das linguagens nas mídias digitais, que Rodrigues e Soares (2010) entendem fazer parte da linguagem que nos conforma enquanto seres humanos, e entendem que o emprego da palavra "linguagem", no singular, faz referência a um momento a partir do qual o ser humano é capaz de se comunicar de uma forma que lhe é própria, uma vez ciente que a natureza inteira se comunica: "Todos os outros animais emitem sinais, de acordo com o que seus instintos pedem e segundo as circunstâncias do entorno em que vivem. No entanto, nunca chegaram a percorrer o trajeto de produção do fogo à produção das tecnologias digitais" (RODRIGUES; SOARES, 2010, p. 43). A linguagem mediada pelas diferentes tecnologias é, de fato, um universo plural e complexo.

> Determinadas que são pela natureza de seu suporte, as linguagens se mostram em várias terminologias: visuais, verbais, audiovisuais, imagéticas, gestuais, sonoras, numéricas. A rigor, essas classificações oscilam entre serem definidas pelo meio que as realiza e pelos aparelhos sensórios ou dispositivos cerebrais que permitem tanto sua elaboração quanto sua captação (RODRIGUES; SOARES, 2010, p. 44).

As linguagens, nas formas de produção da cultura, apresentam-se integradas com recursos e suportes de expressão, com as possibilidades que a mobilidade das tecnologias oferece. A não linearidade na comunicação digital se dá pelo hipertexto, que constrói outra lógica de raciocínio diferente da lógica do texto, mudando as formas de narrar pelas combinações e conexões que interferem na mudança da percepção e dos hábitos sociais de consumo e de produção da comunicação.

Se o texto escrito foi hegemônico por mais de quatro séculos, na cultura de Gutenberg, a contemporaneidade está marcada pela velocidade, componente determinante das novas formas de acesso ao conhecimento e à convivência na "galáxia da internet". O avanço das mídias comunicacionais transformou a natureza da interação social, uma vez que elas não se restringem aos aparatos técnicos usados para transmitir informações de um indivíduo a outro; ao contrário, novas formas de agir e interagir são criadas entre pessoas e coisas, por linguagens, da oralidade aos *bits*.

Mudanças nas linguagens pelas tecnologias

As mudanças nas linguagens não são apenas uma dimensão constitutiva da vida social, nem dizem respeito somente aos meios de comunicação, mas têm a ver com uma forma determinada de a própria sociedade ser e se configurar, vinculada à revolução tecnológica da modernidade que elevou a técnica como parte do progresso e da felicidade do homem. Por esta nova configuração, ela provoca uma reelaboração do caráter simbólico da vida social enquanto tal, ligada à pretensão moderna da realização tecnológica dos desejos humanos.

A revolução comunicativa provocada pelo desenvolvimento dos meios de comunicação modificou profundamente a comunicação humana nas sociedades contemporâneas e reestruturou de maneira radical as relações entre as pessoas (THOMPSON, 1998, p. 11), passando da comunicação face a face para a comunicação mediada pelo computador. As linguagens se constituem a partir da cultura e da técnica, por isso não podem ser compreendidas apenas como algo técnico, mesmo se servindo de diferentes recursos para se expressar. Sem entrar em questões mais profundas do conceito de técnica ou tecnologias, por não ser objeto desta pesquisa, Santaella (2013) adverte sobre a necessidade de compreender a linguagem própria da máquina, porque elas seguem lógicas particulares. Neste sentido, procuraremos pensar sobre a técnica como um elemento que faz parte das linguagens mediadas pelas tecnologias e que reconfiguram os modos de narrar.

> Assim como a prensa manual do século XIV e a fotografia no século XIX exerceram um impacto revolucionário no desenvolvimento das sociedades e culturas modernas, hoje estamos no meio de uma revolução das mídias e uma virada nas formas de produção, distribuição e comunicação mediadas pelo computador que deverão trazer consequências muito mais profundas do que as anteriores (SANTAELA, 2013, p. 192).

No texto "A questão da técnica", de 1953, Heidegger fala da construção de um caminho de pensamento que passa pela linguagem, considerada um meio para um fim e uma atividade do homem. A análise é conduzida de maneira a mostrar que a técnica é um modo de desencobrimento ou verdade (*aletheia*) e que sua essência é algo não técnico. A discussão da técnica como instrumento para produção e uso, e a necessidade de se ter o domínio sobre ela, faz parte das buscas da compreensão do seu lugar no campo produtivo; assim, ela não é um simples meio, mas uma elaboração produtiva, não neutra. O simples fato de existir um aparelho pressupõe seu uso e modifica as atitudes de quem o faz. Sendo a técnica uma abstração, uma ideia, só se pode falar de técnicas no plural.

Na concepção dos antigos gregos, que criaram o termo técnica, não há razão de falar dela antes de sua civilização. A técnica é uma forma de saber, do qual o ser humano se serve para produzir o que a natureza não lhe proporciona espontaneamente, mas sempre de forma variável, dentro de certos limites sugeridos a ele pela própria natureza. Originalmente, a técnica tinha a ver com a práxis criadora individual, o desenvolvimento das habilidades humanas, conforme as capacidades das pessoas. Para Rüdger, os modernos a reinterpretaram em termos epistêmicos e logicistas, empregando o termo tecnologia, convertendo-a no

> conjunto de saberes que, na condição de ciência, visa construir os meios para produzir efeitos previamente calculados, à revelia das diferenças de talento e inclinações dos seres humanos, sem referência à excelência ou capacidade de aperfeiçoamento individualizado com que as tecnologias haviam sido definidas na antiga Grécia (RÜDGER, 2014, p. 442).

O fenômeno técnico nasce com a aparição do homem, depois enquadrado pelo discurso filosófico onde a palavra técnica carrega o duplo sentido: de conhecimento de *technè*, a arte, o saber das coisas práticas, para depois entrar no processo de cientifização com o surgimento da tecnociência que hoje se chama tecnologia. A *epistemè*, o conhecimento, o saber das coisas teóricas, é mais identificada com o pensamento abstrato. A técnica é uma forma de desencobrir, desvelar as diferentes linguagens que transitam entre a *episteme* e a *technè*, o que requer novas habilidades e saberes para expressar.

Pensadores de diferentes áreas procuram compreender as linguagens para além do conhecimento teórico e abstrato desenvolvido pela inteligência racional, para abrir-se à compreensão de outros modos de compreensão com outros tipos de inteligência, as inteligências múltiplas, em que Gadner (1994) considera os sentidos e as percepções como formas de conhecimento, na inteligência espacial, visual, auditiva, tátil, a arte musical, o corpo. A racionalidade que encontrou sua expressão na escola, pela disciplina, pela lógica, pela escrita, pelas ligações conceituais, passa a ser questionada com a chegada das novas tecnologias, que despertam outras formas de aprender e influenciam gradativamente nos hábitos cotidianos e são percebidas pelos sentidos e pela emoção.

Linguagem audiovisual e percepção sensorial

Na década de 1960, o canadense Marshal McLuhan, da universidade de Toronto (1911-1980), vislumbrou a mudança de suportes culturais e sua incidência no ser humano. A "aldeia global", preconizada por ele, é uma forma de olhar para as mudanças tecnológicas, deslocando o estudo da comunicação da análise dos conteúdos para o exame dos meios de comunicação. Nas três galáxias que o teórico canadense traz – a cultura oral ou acústica, dita e escutada; a cultura tipográfica ou visual de Gutenberg, muito identificada com o livro; a cultura eletrônica, dos sinais elétricos instantâneos, a velocidade –, ele questiona os modos de apreensão do conhecimento pela escrita. McLuhan percebeu, por suas experiências com o livro, que este desenvolve a primazia do olhar em detrimento de outros sentidos e que as mídias eletrônicas passariam a envolver mais com o ouvir e os demais membros do corpo. Suas afirmações controvertidas e, para alguns, parciais refletem uma questão de percepção das linguagens, a serem consideradas no contexto atual.

> O livro foi a primeira mercadoria produzida em massa. A imprensa, que por definição é uniforme e repetível, não só criou o próprio conceito de "mercadoria" como possibilitou o surgimento de mercadores para esses artigos uniformes e repetíveis. É perfeitamente natural pensar que a operação das formas e matrizes

da linha de montagem da imprensa, quando se estendeu a todas as formas de produção, deve ter moldado também nossas atitudes para com as atividades da elite (MCLUHAN, 2005, p. 37).

Seguindo essa lógica, a linguagem audiovisual desperta atitudes perceptivas, atinge a imaginação e investe na afetividade, na expressão dos sentidos para a percepção do mundo, enquanto a linguagem escrita desenvolve o rigor, a abstração e o espírito de análise. Para a cultura da escrita, a mensagem designa o conteúdo intelectual e está nas palavras, na coerência lógica que privilegia a consciência intelectual clara.

> Ao contrário do homem de Gutenberg, treinado para a distância afetiva e para a desconfiança para com a imaginação, o homem da civilização audiovisual eletrônica liga intimamente a sensação à compreensão, a colaboração imaginária ao conceito (BABIN, 1989, p. 107).

Até a era da imprensa a tecnologia avançou em estágios lentos, de modo que as mudanças eram menos percebidas e desestabilizavam menos. Da oralidade ao manuscrito, da indústria ao digital, a sociedade foi-se organizando tendo em conta as mudanças de suportes técnicos, e a velocidade tornou-se um componente que interfere na mudança. A sociedade industrial vivencia e incorpora a emergência dos meios de comunicação com a Imprensa (1456), que vem para socializar o conhecimento pela máquina de imprimir no suporte papel. O livro foi hegemônico por quatro séculos e os jornais tiveram duzentos anos para inovar. Quatro séculos depois vem o Cinema (1895), que trabalha a imagem em movimento, trinta anos antes de ser sucedido pelo rádio, que descobre a possibilidade da emissão da voz a distância; depois pela televisão, que populariza e institui um ritual da comunicação com imagem e som, no cotidiano. Com o rádio e a televisão, surgem as formas de produção e armazenamento da informação em som e imagem, que passam por mudanças até chegar ao digital. Em seguida, vem o computador pessoal.

A velocidade faz sentir menor distância entre uma invenção e outra, para não mencionar a escala milenar do pintor das cavernas. Do homem tipográfico, passando pelo telégrafo à televisão, o tempo das mudanças foi se abreviando. "A explosão de tipos de meios de comunicação no século XX nos permite, pela primeira vez, apreender a relação entre a forma e o conteúdo, entre o meio e a mensagem, entre a engenharia e a arte" (JOHNSON, 1997, p. 9). A velocidade é a característica das mudanças que contribuem para a criação de novas linguagens que vão se hibridizando pelas combinações, nos diferentes meios de comunicação, e interferem no modo de pensar e criar. Com a televisão vem a supremacia da imagem sobre o texto e, em seguida, o *World Wide Web*, possibilitando a rede de conexões em alta velocidade.

A cultura da mídia traz elementos que são assumidos na vivência cotidiana, como o sentido de *ground* aplicado à fotografia, como o pano de fundo, o entorno, o ritmo das luzes, que determinarão o valor da mensagem. Entretanto, o sentido do *ground* acaba sendo assumido no cotidiano e aplicado a ambientes presenciais com pessoas, aplicando a linguagem da mídia ao cotidiano. Conforme Babin, na linguagem das mídias o terreno, o entorno, é mais importante, fundamental e estrutural do que o ponto focal para onde os olhos convergem. Ou ainda, "o que se passa no plano de fundo da consciência é mais determinante do que aquilo que se agita no primeiro plano da consciência" (BABIN; ZUKOWSKI, 2005, p. 87).

Os pressupostos da comunicação sonora se estendem à comunicação audiovisual, na qual predominam a linguagem da modulação, o apelo aos sentidos, à sensorialidade, entre eles, o ouvido. O padre francês Pierre Babin, que trabalhou com McLuhan, considera essa comunicação como linguagem de modulação, onde o sentir, o escutar, é anterior ao falar e a tensão e receptividade são inerentes à expressão. Para o autor, a linguagem de *modulação* é a primeira que nasce já na vida intrauterina; é a relação com os pais, embalo do filho aos braços, a comunicação na praça, no interior da família. É o contato, o envolvimento, uma primeira comunicação, matriz de outras.

A modulação é *a vibração que chega às pessoas e as toca*. Ela não se restringe às palavras, mas envolve a percepção, a ambiência, o som, a presença. O discurso-palavra pode opor-se à modulação, se não contém aquela carga que contagia, enquanto a fala pode estar mais próxima da modulação, pois ela está em alguém, exprime uma intenção e uma presença que se revela. O exemplo da vibração das imagens e da música que toca o corpo é a FM (frequência modulada) e o conforto de escutá-la.

> Muitos discursos são apenas música artificial ou turbilhão de vocábulos, não são falas. Hoje em nossa cultura audiovisual há necessidade de uma fala verdadeira e depois a prioridade da modulação para exprimir a fala. Se você quer ser seguido pelo seu público, suas falas devem ser modulação e de qualquer maneira exprimir essa benevolência calorosa pessoal que as crianças sempre esperam (BABIN, 1989, p. 56).

Kerckhove (1997), sucessor de McLuhan, trabalha a ideia dos meios eletrônicos como extensões não só do sistema nervoso e do corpo, como também da psicologia humana. Baseado na ciência comportamental, aponta os efeitos físicos da televisão sobre o corpo e no sistema nervoso, entendendo que a televisão dirige o corpo e não o espírito por meio de respostas musculares subliminares. Nas mídias eletrônicas a ênfase é dada à oralidade e ao tato, particularmente na sua relação com a linguagem e com a forma como processamos a realidade sensorial.

A sensorialidade envolve todos os sentidos, desde o pensar a produção de um texto escrito, sonoro, imagético ou musical, como as percepções pela vista, ouvido, tato, parecendo estar em contradição com o pensamento e a educação que chame e desperte a consciência; entretanto, também Martín-Barbero e Rey (2001) caracterizam "uma nova era do sensível" e questionam a postura da elite intelectual que "nos faz insensíveis aos desafios culturais que a mídia coloca" a esta geração que se diverte com *games*, que vê cinema na televisão. Estas colocações podem ser um indicativo da busca de compreender as mudanças nos modos de comunicar que passam pelas diferentes linguagens, como "uma educação em estéreo" que supere a visão fragmentada e favoreça o conhecimento falando com a imagem.

> Se a epistemologia da televisão começa e quase termina no plano visceral, se mostra pessoa e situações diante das quais se relaciona de uma maneira quase que estritamente emocional, uma educação em estéreo utilizará a comunicação, o diálogo e a confrontação para facilitar a passagem das emoções ao hemisfério da reflexão e da racionalidade (FERRÉS, 1996, p. 17).

Nas considerações sobre as linguagens da comunicação da era eletrônica, que envolvem o pensar, o sentir, o produzir, a velocidade, as conexões, duas são as palavras-chave: *medium e ground*. O *medium* designa a pessoa ou grupo, uma infraestrutura da qual emanam os meios. O *ground*, a figura, é aquilo em que se pensa no primeiro plano da consciência: as palavras, as ideias expressas; é também tudo o que nos cerca: cor, ritmo, forma, ênfases; é ainda aquilo que toca o corpo e o faz vibrar inconscientemente, que desencadeia a emoção e suscita o desejo e produz o efeito (BABIN, 1989, p. 9).

Referindo-se à visão de McLuhan no que diz respeito à informação eletrônica, que é mais da ordem do "ambiente" que da tecnologia, Sodré (2012) entende que há ali uma hipótese de uma "ecologia" intrínseca aos meios de comunicação, que não se trata apenas do ambiente, mas da interação humana com este e da decorrente experiência educativa. "O que está verdadeiramente em questão é a existência de um novo *bios*" (SODRÉ, 2012, p. 188) e a expressão "o meio é a mensagem", cunhada por McLuhan, é uma formulação, embora incipiente, do *bios* virtual, por indicar que a forma tecnológica corresponde ao conteúdo. Esta compreensão é um indicativo de que a tecnologia é uma espécie de prótese que passa a fazer parte das relações sociais e da gestão nessa nova ambiência.

Essa nova forma de conviver em que técnicas, conteúdo e pessoas estão juntos e constituem uma única realidade cotidiana, "o *bios virtual* é, no limite, uma espécie de comunidade afetiva de caráter técnico e mercadológico, onde os impulsos digitais e imagens se convertem em prática social" (SODRÉ, 2012, p. 189). As economias se interconectam entre si e se integram ao mundo em redes globais, criando um grande número de comunidades virtuais na interação digital, de acordo com os diversos interesses.

Narrar na linguagem dos impressos e do rádio

Cada tecnologia traz contribuições e desafios, desenvolvendo novos hábitos e modos de perceber e absorver o conhecimento. O historiador francês Chartier discute a perda da centralidade do livro com a chegada do digital, pela mobilidade nos suportes mais estáveis até agora, como é o livro. Sendo a imprensa a primeira forma de transmissão, disseminação e circulação do conhecimento a partir do século XV, o historiador considera que essa revolução é técnica e caracteriza-se como uma revolução do impresso. Para ele, "a revolução da imprensa não consiste absolutamente numa 'aparição do livro'. Doze ou treze séculos antes do surgimento dessa nova técnica, o livro ocidental teria encontrado a forma que lhe permaneceu própria na cultura do impresso" (CHARTIER, 1998, p. 96). Segundo o historiador, a grande revolução que preocupa é a do texto eletrônico que se configura como uma revolução na leitura, pois

> ler sobre uma tela não é ler um *códex*. Abrem-se possibilidades novas e imensas. A representação eletrônica modifica totalmente a sua condição; ela substitui a materialidade do livro pela imaterialidade dos textos sem lugar específico [...]. A revolução iniciada é, antes de tudo, uma revolução de suportes e formas que transmitem o escrito (CHARTIER, 1998, p. 100-101).

As linguagens trazem em si modelos de comunicação conforme a sua influência com as tecnologias. Ao analisar a passagem do modelo de comunicação linear da era tipográfica, fundada com a invenção de Gutenberg, para a era eletrônica, dominada pelo rádio e pela televisão, McLuhan percebeu que a tecnologia cria uma ambiência por onde o homem transita. Esse ambiente presente na atmosfera é algo invisível e se traduz em formas de perceber o mundo, em hábitos e estilos de vida, com as tecnologias como prolongamento do corpo, ou próteses; conceito também trabalhado por outros autores. Para Del Bianco

> a partir desse argumento, McLuhan concluiu que a era eletrônica abalou os fundamentos enraizados na experiência de mundo do homem tipográfico porque o colocou imerso num mundo visual, audiotátil, simultâneo e "tribalizado", muito diferente do mundo linear e destribalizado criado pela cultura letrada. A palavra impressa fizera a civilização ocidental letrada homogênea, uniforme e unidimensional. O rádio, ao contrário, estabeleceu conexão íntima com a cultura oral, graças ao seu poder de envolver e afetar as pessoas em profundidade (DEL BIANCO, 2005, p. 156).

Para a autora, "o rádio é a tecnologia da tribo", e também resgata o sentido de comunidade, a voz do quarteirão, o localismo, a magia tribal antes soterrada na memória, o acesso ao mundo não visual, a comunicação íntima e particular de pessoa a pessoa. Sendo parte da cultura oral, quando se aprende a produzir na linguagem radiofônica, entende-se que ela requer proximidade com a vida cotidiana, a conversa do dia a dia; daí a arte de escrever como se fala, de pensar na situação e no tempo do ouvinte imerso no seu cotidiano, dentro de casa, no trabalho, no trânsito, no hospital, nas mais diversas formas, e, na era digital, ter em conta que ele ouve cada vez mais pelo celular. A cultura oral traz a proximidade como magia da tribo, o sentir-se juntos na linguagem, nas temáticas regionais ou globais em cada segmento.

Rádio é linguagem, tecnologia, relacionamento, redes, convergência; é arte de comunicar com leveza, mais ligado ao lúdico e ao afeto; é fala que envolve a língua, a linguagem oral, a palavra, os sons, os efeitos especiais, a organização do discurso, a interlocução, a troca; compõe-se de técnica, também de linguagens e de vida cotidiana. Sua invenção está ligada à propagação da voz e de poder ouvir a voz humana a distância. Esta foi a experiência do brasileiro Landell de Moura, em suas descobertas pioneiras.

O que chamamos de técnicas (técnica de redação, técnica de reportagem) e, não raro, os gêneros (informativo, musical, dramaturgia) assumem em si linguagens próximas da cultura oral e da vida cotidiana. A linguagem da palavra bem articulada, clara, modulada para ser agradável ao ouvido do interlocutor, e a construção do discurso na ordem direta, com a repetição dos aspectos mais importantes na notícia, são características da linguagem radiofônica, diferentemente da cultura do livro. A mixagem torna-se uma linguagem que une a voz, a sonoridade com vinhetas, efeitos sonoros com noções de espacialidade que ambientam o ouvinte. Trata-se de outra característica que considera a sensorialidade de criar imagens e sua própria narrativa a partir dos elementos verbais e sonoros oferecidos.

A portabilidade, tão decantada na tecnologia digital, é uma característica da linguagem do rádio, desde a invenção do transistor. Essa portabilidade favorece a atualidade do rádio, acima de qualquer outra forma de comunicação. Atualmente se pode dizer que o rádio abriu novos canais de comunicação pela linguagem multimídia, sobretudo, no formato digital, com imagens, fotos, navegabilidade, num composto do hibridismo que caracteriza as mídias contemporâneas.

Narrar nas linguagens da cibercultura

A cibercultura tem lógicas próprias com linguagem não linear e interativa, sendo potencialmente um espaço democrático, pela liberação do polo do emissor. O processo comunicacional muda, pois, na Rede, qualquer um pode produzir conteúdo, enquanto na comunicação de massa a competência é dos jornalistas, profissionais e empresas. Com o acesso ao código, qualquer pessoa é capaz de produzir, postar em seu blog, site ou nas redes sociais digitais. Essa reconfiguração pode ser percebida na combinação de diferentes linguagens em texto, som, imagens estáticas ou em movimento e navegabilidade, conforme projeto da arquitetura da informação, culminando em redações convergentes com um novo profissional.

Desde a escrita, que separa enunciador e enunciado, ou seja, o espaço, e age como instrumento de memória, o tempo, passando pelo telégrafo, telefone, rádio, televisão e, hoje, a internet, é uma mesma ação de emitir informação para além do espaço e do tempo, com diferentes temporalidades. Cada transformação midiática altera nossa percepção espaço-temporal. André Lemos caracteriza a cibercultura nas mudanças na cultura contemporânea, associadas às tecnologias digitais, que envolve o ciberespaço, a simulação, o tempo real, o processo de virtualização, e como cria uma nova relação entre a técnica e a vida social.

Compreender os desafios da cibercultura nos obriga a buscar, nas raízes do fenômeno técnico, a compreensão da cultura contemporânea. Não podemos compreender os paradoxos, as potencialidades e os conflitos da tecnologia na atualidade sem uma visão da história da tecnologia e de seus simbolismos respectivos, sem ter percorrido as principais correntes da filosofia da técnica (LEMOS, 2002, p. 25-26).

Para o autor é preciso mudar o olhar e buscar novas ferramentas para compreender o fenômeno técnico-científico contemporâneo. Trata-se de um "novo paradigma sociocultural", um novo tribalismo e formas de comunicação gregárias no ciberespaço. Lemos assinala um primeiro problema que se apresenta em relação à própria definição de cibercultura. Trata-se de uma relação que se estabelece pela emergência de novas formas sociais que surgiram a partir da década de 1960, a sociabilidade pós-moderna, e das novas tecnologias digitais. Esta sinergia vai criar a cibercultura e este novo quadro da civilização contemporânea é o seu berço, entendendo que o seu surgimento "não é só fruto de um projeto técnico, mas de uma relação estreita com a sociedade e a cultura contemporâneas" (LEMOS, 2002, p. 26).

O rádio é uma mídia que se adaptou à linguagem da Internet, abrindo novos canais de comunicação com seu público. Não se trata apenas de transmitir a programação já existente pela Internet, mas de adequar-se a essa linguagem multimídia digital. A web-rádio pode ser configurada nesse modelo e o ouvinte que antes participava por telefone pode interagir de forma colaborativa com informações e produções. Segundo Prata,

o casamento entre rádio e internet certamente acompanhará este processo e, num futuro bem próximo, soará como linguagem ultrapassada a emissora que não oferecer, além do áudio, também conteúdos imagéticos e textuais ao seu público, ampla possibilidade de canais, intensa interação com o receptor e possibilidade real de produção de conteúdo por parte do usuário (PRATA, 2009, p. 70-71).

Os novos canais para a comunicação radiofônica são uma realidade comprovada no cotidiano dos que se informam por dispositivos móveis, como o celular, para ouvir e interagir pelo rádio a partir do lugar onde se encontram, narrando fatos, informando e opinando. A produção de conteúdos para a web, que agrega as diferentes linguagens e requer um projeto editorial, e a arquitetura da informação para macro e micronarrativas, que envolve a hierarquização da informação e a navegabilidade, são recursos de linguagem e um desafio a ser incorporado pelos produtores: "escrever para ser ouvido, com as imagens ditando a narrativa" (SCHWINGEL, 2012, p. 99).

A conectividade como linguagem

Uma outra lógica é a "conectividade generalizada", tanto de computadores conectados por cabos quanto em dispositivos móveis, alterando consideravelmente a noção de tempo e espaço. A linguagem da rede é a conectividade em muitos pontos ao mesmo tempo, nesta configuração espaçotemporal, mantendo-se conectado apesar da distância e do tempo. Estar conectado é comunicar-se falando a mesma linguagem que passa pela tecnologia e pelo ser humano, produtor de conteúdos, tendo como característica a mobilidade.

A conectividade possibilita novas formas de vinculação e interação em que o ser humano se relaciona mediado pelas tecnologias, enviando e recebendo mensagens em tempo real com linguagens sonoras, textuais, imagéticas, e também pelo simples contato de "estar" na rede, uma vez que a essência da rede é a conexão. "O meio (mídia) conectado por excelência é a tecnologia que torna explícita e tangível essa condição natural de interação humana" (KERCKHOVE, 1997, p. 25).

De fato, as redes não são apenas técnicas, mas espaços sociais, que configuram a sociabilidade na esfera pública. Elas "misturam lógicas, velocidade e temporalidade tão diversas como as que entrelaçam as narrativas orais, com a intertextualidade das escritas e a intermedialidade do hipertexto" (MARTÍN-BARBERO, 2014, p. 111).

A linguagem da Rede se constitui por relações descentralizadas, contrariando a habitual comunicação hierarquizada, própria da sociedade e das instituições, o que provoca uma desconstrução da estrutura do saber, antes centralizado e agora distribuído. Essas possibilidades colocam em jogo as lideranças educacionais e religiosas, a relação professor-aluno e a própria transmissão da fé.

Para falar do processo de comunicação na cultura da rede, nos servimos das reflexões de Babin (2005), que fala de três culturas: idade da cultura oral, idade de Gutenberg e idade eletrônica ou era das mídias, e como se dá a linguagem das lideranças nos modos de comunicar na evangelização. Ao colocar as formas de percepção e compreensão das pessoas em relação aos conteúdos, analisa o principal meio de comunicação em cada uma, os emissores, a mensagem, os receptores e a estrutura social.

As três culturas trazem formas diferentes não só de comunicar, mas de perceber a realidade e de as pessoas compreenderem os conteúdos e se engajarem. Na cultura oral as pessoas se encontram presencialmente, face a face, sendo a palavra o principal meio de comunicação; os emissores falam, anunciam e os receptores ouvem, pertencem a uma comunidade; a mensagem é o discurso, a pregação; a estrutura social é a comunidade tendo a pessoa como discípula. A cultura de Gutenberg já traz consigo o fruto da racionalidade e tem como meio principal de comunicação o livro; os emissores ensinam, escrevem, explicam, demonstram, enquanto os receptores aprendem, memorizam e procuram praticar; a mensagem centra-se na palavra, na doutrina, no catecismo, e a estrutura social é a paróquia, a escola, o catecismo, ou seja, a delimitação do espaço geográfico.

Na era eletrônica o principal meio de comunicação são as mídias com suas linguagens sonoras, imagéticas e de conexão. Os emissores são meios de comunicação, ou seja, falam com sua presença, propõem, dialogam, programam, modulam (som-imagem); os receptores escolhem, conectam-se, clicam, vibram, pertencem, fazem corpo com. A mensagem é o meio, o corpo, a tecnologia, a comunicação e a estrutura social, a Rede, comunidades de afinidade, pois, conforme Babin, a mensagem consiste em pertencer à Rede, à *net*, ao corpo. A lógica da Rede não só é diferente, mas constitui um novo modo de fazer parte e comunicar, pois "não se compreende nada da Internet sem perceber que, para esta geração, não conta em primeiro lugar o conteúdo intelectual veiculado, mas a pertença ao veículo e à web, ou seja, à teia de aranha mundial" (BABIN, 2005, p. 172).

Esta questão da linguagem também se coloca para a Educomunicação, que tem como objetivo formar para o convívio na sociedade, de modo comprometido, a partir dos valores humanos e de cidadania. Diante dessas mudanças, qual o lugar do ensino? E ele mesmo responde que nada poderá substituir o ensino, que é elaboração, explicação, transmissão. Entretanto, não pode ser abstrato e se reduzir à racionalidade, mas trazê-lo próximo à experiência e à comunicação com novas linguagens, procurando a pessoa tornar-se um meio de comunicação: "as tecnologias modernas dão prioridade às conexões e às escolhas: vibrar, apontar, clicar" (BABIN, 2005, p. 178), diferentemente da gramática da língua aprendida na escola, que é racional e associativa, trazendo o sentido do dever.

O que se aplica às pessoas e às instituições também é pensado em relação à convivência nas cidades. Discutindo o conceito de corpos conectados, Martín-Barbero fala da articulação de telas em que um corpo é sustentado cada vez menos na anatomia e mais em suas extensões ou próteses, as tecnologias. "A cidade informatizada não precisa de corpos reunidos, mas apenas interconectados. Na hegemonia dos fluxos e na transversalidade das redes, na heterogeneidade de suas tribos e na proliferação dos seus anonimatos" (MARTÍN-BARBERO, 2014, p. 115). Há sem dúvida alguma uma mudança cultural e tecnológica acontecendo, para a qual educadores e lideranças precisam estar atentos e ver como integrar a gama de conhecimentos existentes com as novas linguagens, que já se traduzem também pela presença ou ausência na Rede.

Narrativa e linguagens no hipertexto

O hipertexto é uma forma de narrar não sequencial que permite ao internauta a capacidade de direcionar suas leituras através de múltiplas possibilidades. A hipertextualidade favorece a lógica da escolha, pela qual o internauta, por meio de *links* disponíveis nas páginas da Internet ou por *sites* de busca, vai construindo uma leitura de um texto em fluxo não sequencial e não linear, na busca de informações para o conhecimento. O fluxo da leitura é construído pela pessoa e, naturalmente, dentro dos limites que o sistema oferece, vai escolhendo e selecionando, o que requer também capacidade de escolha na interação entre o usuário e o sistema.

A não linearidade caracteriza a linguagem do hipertexto, diferentemente da cultura do livro que vai passando as páginas de forma sequencial, seguindo a lógica de quem o escreveu. Na web 2.0 o hipertexto traz um conjunto de conteúdos em texto, imagens fixas ou animadas e sons, organizados de forma a permitir uma navegação não linear, baseada em associações de ideias e conceitos em forma de *links*. "Expandindo essa noção podemos pensar que o hipertexto é um modo de interação que leva o usuário a interligar informações de forma associativa e intuitiva" (SCHWINGEL, 2012, p. 16). O hipertexto também é a representação gráfica de uma Rede, com pontos, os nós de conexão, de diferentes tamanhos, mostrando a quantidade de informações, vinculados por conexões.

Teixeira pontua que, para alguns críticos da Internet, a linguagem não linear, representada pela estrutura fragmentada do hipertexto, pode favorecer a fragmentação do conhecimento e dispersar o internauta, "que muitas vezes esquece qual o objetivo inicial de sua leitura, não contribuindo, e por vezes atrapalhando, para a construção de sentido"

(TEIXEIRA, 2014, p. 225). Essa crítica ajuda na reflexão de que, sobretudo, na sociedade que possibilita escolhas, se faz necessário o planejamento e os objetivos para a busca do conhecimento, além do que a hipertextualidade não deixa de ser reflexo da mente humana permeada de dispersão semelhante ao hipertexto, que se revela na convivência cotidiana.

Para Martín-Barbero, nas novas possibilidades de linguagens pela Internet, o que está em jogo não é apenas uma hibridização das lógicas globais do capital, mas profundas transformações na cultura das maiorias, especialmente entre as novas gerações, que não deixaram de ler, "mas cuja leitura já não corresponde à linearidade/verticalidade do livro, e sim a uma, ainda confusa, mas ativa hipertextualidade, que de algum lugar dos quadrinhos, dos videoclipes publicitários ou musicais e, sobretudo, dos *videogames*, levam à navegação na internet" (MARTÍN-BARBERO, 2014, p. 92).

A linguagem como prática da conversação na Rede

A complexidade das linguagens oferece múltiplas possibilidades de escolhas em novas formas de conversação pelas mídias digitais, com os *chats* ou conversas *on-line*, que trazem formas abreviadas do código da língua portuguesa. É uma retomada da conversação cotidiana pela comunicação mediada em tempo real, estando os interlocutores em interação recíproca e simultânea com uma dinâmica própria. São duas ou mais pessoas que se comunicam sob as diversas formas de interesse, das conversas para projetos comuns, para estabelecer ou reforçar laços sociais.

Trata-se de uma linguagem, entendida como "internetês", que retoma a escrita com outras características da Internet, entre elas, a oferta de múltiplos recursos, a velocidade operacional em tempo real, a interatividade digital. O ambiente da Internet traz consigo o texto, o som, a imagem estática ou em movimento, e o sujeito sente-se livre para inovar sem aparente controle de normas linguísticas ou de pessoas, o que favorece a inovação na linguagem. O que ocorre é uma nova economia da escrita, uma nova forma de escrever no ambiente digital, na exposição das ideias, no hipertexto, sofrendo modificações para se adequar a esta realidade. Antes da Internet, a fala era realizada face a face, em tempo real ou por telefone, e a carta escrita não poderia ser interativa e, mais ainda, tinha-se o cuidado com a coerência e coesão do texto, a clareza na exposição das ideias.

O componente da velocidade e da informalidade que a Internet traz na comunicação em tempo real reúne as características da linguagem falada, suprimindo a formalidade da língua culta. Agregando o fator interatividade, com o bate-papo, com fins comunicativos, levou seus usuários a elaborar uma linguagem própria, repleta de termos típicos, de modo a tornar compreensível aos participantes a estrutura adotada.

Apenas apontamos alguns aspectos da conversação na Rede que, para Recuero, representam espaços de lazer, "lugares virtuais onde as práticas sociais começam a acontecer, seja por limitações do espaço físico, seja por limitações da vida moderna, seja apenas pela comodidade da interação sem face" (RECUERO, 2012, p. 17). Estas são novas formas de estar juntos na sociedade contemporânea a partir de práticas de relacionamento no ciberespaço, também utilizadas para causas sociais. A conversação mediada pelo computador é uma apropriação de um sistema técnico para uma prática social, onde diferentes atores buscam afinidades e convivência com uma linguagem própria, e, mesmo na linguagem da informalidade, há a possibilidade de rastrear cada *clik*.

Uma das características da conversação mediada pelo computador é que o meio transforma essa conversação, uma vez que a maioria dessa conversação opera sobre bases com predominância textual, introduzindo uma hibridização das linguagens escrita e oral, sendo que, algumas vezes, com vídeo e voz. Outra forma de expressar a entonação vocal e a expressão facial, bem como os gestos que acompanham o enunciado é a apropriação de caracteres simbólicos, como o uso de *emoticons*, ou seja, "conjuntos de caracteres do teclado que simbolizam expressões faciais como sorriso, tristeza" (RECUERO, 2012, p. 46), ou sons onomatopaicos com a repetição de letras para dar a sonoridade desejada. De outra forma, Citelli trata das "palavras em rede" como expansões hipertextuais em que "se fragmentam, acentos gráficos desaparecem, *emoticons* irrompem, números entram no lugar de letras [...] já se fala na existência do *internetês da tribo*, uma espécie de subcódigo de linguagem executado por grupos usuários" (CITELLI, 2006, p. 130).

A conversação na Rede assume, portanto, um caráter híbrido, alinhando elementos da língua falada e da língua escrita, e possui caráter dialógico próprio da fala, realizado na tela do computador. Melo entende que o que acontece com o *internetês* não é simplesmente a modalidade da escrita ou a modalidade falada da língua, mas outro nível mais complexo: "marcas da oralidade presentes na escrita eletrônica" (MELO, 2010, p. 46). Essas marcas atingem a conjugação verbal, a grafia fonética, a pontuação, a estrutura paralinguística para expressar as emoções. Recuero mapeou conversações na Rede, realizadas no twitter, onde também aparecem temáticas sociais como Belo Monte, e observa a complexidade desta forma de comunicação na cultura contemporânea. Embora não seja nosso intuito aprofundar esta linguagem, que requer estudos especiais, apontamos aspectos de inovação no ambiente digital que reconfiguram novos modos de narrar que fazem parte dos estudos da comunicação neste livro.

As novas linguagens, criadas pelas possibilidades e combinações com as tecnologias digitais que incorporam a velocidade e um processo de comunicação interativo, são um desafio para a comunicação e para a pastoral. Neste sentido, "a Igreja vem fazendo esforços para uma presença cada vez mais efetiva na *web*, mediante portais de notícias, *sites* e *blogs*" (CNBB 99, 2014, p. 136). Há uma tomada de consciência da necessidade de uma revisão de métodos de comunicação diante dessas mudanças, sobretudo com a cultura digital. Falando da nova evangelização, os documentos enunciam que "a cultura participativa e colaborativa, sobretudo com as redes sociais, pede uma revisão dos métodos pastorais, assim como o vem exigindo nos sistemas de ensino, nos processos políticos e na reorganização da sociedade em geral" (idem, p. 140).

Capítulo 4

Metodologia que integra o pensar, o produzir e o conviver

*A imersão designa um modo de formação
no qual se aprende mais pelo contexto global
que pelo ensino formal, pelo fazer que pelo dizer,
pela relação com os mestres e a companhia
do que pelo estudo individual.*
(Pierre Babin)

A Educomunicação pressupõe a intencionalidade de educar para a comunicação, o que significa ajudar as pessoas a serem sujeitos do processo e a se comprometerem em uma ação efetiva no contexto onde atuam. Seguindo uma metodologia teórico-prática que envolve o pensar, o produzir e o conviver, adotam-se os valores humanos e cidadãos, de modo que a pessoa, no trabalho com o outro, se torne sujeito do processo comunicacional.

A experiência aqui descrita é adotada pelo SEPAC,[1] em seus 30 anos, na missão de capacitar lideranças culturais e sociais na área da Comunicação, qualificando a atuação profissional, cultural e pastoral, na totalidade do ser humano. A competência, neste campo, é uma exigência que, aliada ao compromisso com os valores da cidadania, torna mais eficaz a ação comunicativa. Seu eixo central é a comunicação como processo integrado que inclui a reflexão, a ação e o relacionamento entre as pessoas. Trata-se de uma formação para *ser* e *atuar*, focando o ser humano em sua interação e convivência na sociedade, com as tecnologias e o ambiente comunicativo.

Dessa forma, a pessoa insere-se em sua formação humana, cultural, espiritual, tendo em vista uma comunicação democrática e participativa. O processo de formação, sob o enfoque teórico-prático, está na raiz

---

[1] CORAZZA, Helena. *Educomunicação: caminhos e perspectivas na formação pastoral*. A experiência do Serviço à Pastoral da Comunicação (SEPAC). Tese de doutorado ECA/USP: São Paulo, 2015.

do carisma[2] paulino: evangelizar com a comunicação. Nas orientações formativas do fundador, Tiago Alberione, a metodologia é explícita: "a formação técnica é igualmente necessária a todas para o exercício prático do apostolado nas suas diferentes partes. Ocorre, portanto, que nas casas de formação haja um curso teórico-prático de apostolado para todas: aspirantes e irmãs" (ALBERIONE, 1961, p. 265).

Nesta visão, evidenciam-se três eixos, aqui tratados em separado apenas por uma questão didática, mas que acontecem de forma integrada: pensar, produzir e conviver. O *pensar* requer a reflexão teórica, o conhecimento disponível com distanciamento crítico, conforme as teorias contemporâneas de análise de comunicação, recepção e análise de produtos midiáticos; o *produzir* requer o conhecimento das diferentes linguagens, a habilidade do planejamento e da criação de produções, tendo em vista a circulação do conhecimento; o *conviver* envolve o bom relacionamento, a comunicação visual, o acolhimento afetivo, a infraestrutura que possibilite o exercício e a experiência da comunicação num ambiente favorável.

Pensar a comunicação e despertar a consciência crítica

A reflexão sobre o pensamento teórico da comunicação e suas tendências orienta para a escolha dos conteúdos a serem adotados na produção prática, procurando coerência entre o pensar e o produzir. A reflexão sinaliza para os parâmetros a serem adotados sem cair no pragmatismo ou no uso instrumental tão recorrente na atualidade. A tentação de apenas "usar" os meios de comunicação para "multiplicar" seu potencial em vista dos objetivos a serem atingidos pode cair no lugar--comum, sem ficar atento ao lugar da comunicação na sociedade, tanto na educação quanto na religião. Pensar e refletir sobre a comunicação dota de uma bagagem crítica capaz não só de produzir, mas de analisar os produtos midiáticos.

A formação da consciência crítica foi característica na década de 1980, em que se buscava o espaço democrático para pensar a sociedade e a comunicação, o que gerou grande reflexão e produções em relação

---

[2] Carisma aqui não tem cunho individual ou pessoal, mas se refere à missão da instituição. No caso de Paulinas, trata-se de evangelizar na sociedade contemporânea, tendo como mediação todas as invenções que o progresso humano apresentar e as necessidades e condições que os tempos exigirem.

ao tema. Era crescente a organização da sociedade civil, no contexto social, político e religioso latino-americano, para as discussões em favor da democratização da comunicação e da comunicação alternativa. A Leitura Crítica da comunicação é um dos projetos que trabalha uma concepção dialética da realidade, que implica a dupla atenção crítica a respeito do objeto e do sujeito e da sua mútua relação. "A concepção dialética da realidade social implica também uma percepção de seu aspecto conflitivo e a ilusão das soluções meramente simbólicas, que não produzem nenhuma mudança real nas próprias relações sociais" (LIBANIO, 1978, p. 97).

Pensar a comunicação hoje é apropriar-se do conhecimento disponível e também ser produtor, trabalhando a educação para a comunicação, com a reflexão sobre diversos temas ligados à comunicação e educação, como: mudanças tecnológicas e a formação do imaginário pela mídia, análise do cinema, análise de telenovelas, *games*, redes sociais e sua relação com os processos educacionais. Essas temáticas favorecem a reflexão e as práticas comunicacionais em sala de aula, a fim de ajudar os educadores a fazerem "pontes" entre o cotidiano e as práticas comunicacionais na educação.

A análise de produtos culturais midiáticos na área de impressos, rádio e televisão é um aspecto que predominou na década de 1980, pela adoção de uma metodologia que partia do *ver e analisar* em grupo, com roteiros próprios, envolvendo questões, sobretudo, em relação à ideologia. O foco da análise se apoia na observação do que a mídia produz e seus impactos nas pessoas e na sociedade, e, ao mesmo tempo, como o mesmo produto poderia ser produzido de outra forma ou modificado. A partir da análise da mídia, o objetivo é ajudar as pessoas a reverem a comunicação interna das comunidades e pensar produções de outra forma.

A análise dos meios de comunicação apoia-se em estudiosos latino-americanos que trabalharam em favor da democratização da comunicação e de uma comunicação horizontal, como Luís Ramiro Beltrán: "Os meios de massa, em sua maioria, são instrumentos viciados das forças conservadoras e mercantilistas utilizados para controlar os meios de produção nacional e internacional" (BELTRÁN, 1981, p. 34).

A metodologia na análise dos produtos culturais segue a metodologia indutiva, para um distanciamento crítico e, dessa maneira, ver e refletir a partir do conteúdo apresentado, analisando propostas, falhas, visão de mundo e como o grupo poderia fazer diferente. A partir do trabalho em grupos, da partilha da análise, procura-se ver ângulos diversos e provocar a discussão em relação à sociedade e ao cotidiano.

A abordagem teórica da comunicação dá-se, sobretudo, nas leituras e reflexão sobre temáticas que apresentam a história da comunicação, as teorias que sustentam as práticas, bem como as políticas e práticas do poder público, a visão do mercado, adotadas nos processos de produção nas diversas mídias e sistemas. Importa compreender hoje a comunicação não só como fenômeno, num mundo em mudança, sobretudo com as tecnologias como suporte, mas como direito do cidadão, ao que não é possível ficar indiferente ou delegar aos profissionais da comunicação o pensar e o produzir. A comunicação tem uma dimensão "política e social", porque se coloca "como centralidade explicativa de um novo modo de se estruturar a vida social" (SOUSA, 2006, p. 15).

Produzir em diferentes linguagens

O processo de produção faz parte da metodologia educomunicativa. Na experiência do SEPAC, desde os inícios começou-se o trabalho em escolas, com diretores e professores, para motivá-los a implementar trabalhos de comunicação que pudessem mobilizar para realização de feiras culturais. Conforme Soares, fazia-se "uma proposta de se substituir a Feira de Ciências pela Feira da Comunicação". Algumas escolas iniciaram a produção de seu jornal ou vídeos, de modo a se apropriarem do conhecimento de produção.

> A contribuição específica do SEPAC-EP está na assessoria que oferece aos estabelecimentos de ensino no sentido de amarrarem seus projetos educativos semestrais ou anuais em torno de um fio condutor que é a crítica ao sistema de comunicação vigente, quer na macrossociedade, através dos grandes veículos, quer na microssociedade, através das relações entre pais e filhos, entre instituições educativas e os grupos de alunos, entre os responsáveis pela pastoral e a comunidade dos fiéis (SOARES, 1988, p. 12).

Além desse trabalho com as escolas, em sua organização interna, o SEPAC sistematizou os laboratórios de produção, do jornal impresso às produções digitais para mídias sociais digitais. Estes laboratórios trabalham todo o processo de produção, do pensar ao produzir, de modo participativo. Sendo a técnica um desafio na aprendizagem, ainda que o foco não seja o aspecto técnico, na cultura da mídia ela precisa estar sempre atualizada e "funcionando", caso contrário, este aspecto da linguagem e da eficácia da educação para a comunicação deixa a desejar, no sentido de ser profissional. Por isso, evitando cair no deslumbramento das tecnologias ou na dependência delas, a orientação é que o cursista tenha a visão do processo da comunicação e trabalhe, ao mesmo tempo, em grupo, discuta as propostas e faça elaboração coletiva, independentemente da tecnologia adotada, conforme elaboração de experiência:

> O grupo trabalha de forma participativa em todas as etapas da produção. O SEPAC inclui em sua metodologia a integração do grupo como elemento prioritário para a produção da comunicação. Ao mesmo tempo, esse exercício faz parte do processo de convivência, ajuda mútua e participação. Algumas vezes o grupo encontra dificuldades nesse processo, e isso é recuperado como parte do aprendizado para se obter uma produção com mais qualidade. Estimula-se também a criatividade individual (CORAZZA, 1997, p. 109).

Referindo-se à produção radiofônica, é igualmente evidente o processo participativo: "Para os que atuam em 'Rádios Populares', insiste-se, sobretudo, no processo de comunicação participativa, tanto na equipe de trabalho como na relação com a comunidade, objetivando o processo participativo" (CORAZZA, 1995, p. 172). Os mesmos princípios são adotados em relação aos processos de produção nas rádios comunitárias, *web* rádios e redes sociais.

A metodologia envolve a produção da comunicação, de forma a adquirir competência nas diferentes linguagens, ter uma atuação eficaz na comunidade e na sociedade. Na produção de conteúdo nos impressos, rádio, vídeo e mídias sociais, a metodologia é teórico-prática e participativa, com a reflexão, o planejamento e a realização em equipe. Tal como numa equipe de trabalho, pensa-se e planeja-se a produção, vai-se a campo em busca da informação, adotando técnicas de redação e de entrevista, fazendo a avaliação, sem esquecer o lugar de onde se fala. Busca-se que as pessoas se capacitem nas diferentes áreas pastorais e educativas para adquirirem conhecimento e habilidades e produzirem a partir de suas realidades e comunidades. Dessa forma, ajuda-se a valorizar e dar visibilidade ao cotidiano local, e é uma oportunidade de mostrar o que não é visibilizado na grande mídia. Os cursistas são desafiados a ser criativos e a buscar respostas às necessidades pastorais e educativas, inovando e não reproduzindo ou repetindo o modelo hegemônico de comunicação.

A metodologia teórico-prática também está presente nas publicações do SEPAC. A partir de 2010 os cursos procuraram atender a demandas da era digital como produção e gestão da comunicação para redes sociais, produção de conteúdo para a *web*, *web* rádio, *web* tv, planejamento editorial jornalístico voltado a *sites*, *blogs*, além de cursos na área de liderança na comunicação. O processo de produção de forma participativa vai migrando para a produção digital, de modo que o *pensar* e o *atuar* se expressem nessas formas de conhecimento.

Desse modo, as diferentes linguagens carregam em si uma teoria própria aliada à prática, entendendo que "a práxis não é simplesmente a atividade material do homem. É também conhecimento teórico. [...] A práxis é esse conjunto de prática e teoria, numa dinâmica a transformar as relações sociais" (LIBANIO, 1978, p. 98). Por sua vez, a apropriação do conhecimento, na prática de produzir comunicação, ajuda a pessoa a se tornar sujeito do processo, produtora de conteúdos que possa "dizer a palavra" e contribuir com projetos de intervenção onde atua.

Interesse e participação: a mudança do olhar e do produzir

As práticas da comunicação, em sua produção nos laboratórios, dão a oportunidade de aprendizado no contato direto com os meios, proporcionando satisfação e segurança, conforme esta afirmação: "Hoje, tenho um novo olhar com relação ao rádio, ao vídeo e ao jornal impresso, fruto do que aprendi no SEPAC". A associação dos saberes também favorece o crescimento, conforme um professor de ensino médio: "adquiri técnicas de aperfeiçoamento e até mesmo pude melhorar aquelas que já possuía por causa do que desenvolvia pastoralmente".

A mudança descrita se dá no modo de produzir, passando a ser mais dinâmico e com a participação de ouvintes e representantes regionais, conforme depoimento de uma cursista em relação ao fazer rádio, antes e depois do curso:

> *Antes* era um programa que acolhia algumas pessoas das paróquias, repassando notícias das festas das padroeiras ou outros eventos que iriam acontecer na comunidade. *Após o curso*, o programa passou a ter uma nova roupagem com a participação sistemática de correspondentes de cada Região Episcopal da nossa Arquidiocese, como também Setor Juventude e Pastorais Sociais, resultado do meu projeto.

Para a docente Carla Schwingel, "o cursista do SEPAC tem um interesse diferenciado. Geralmente sabe o que quer, tem clareza de seus valores e atuação social". O processo desenvolvido no laboratório é descrito pelo professor Ricardo Lulai:

O cursista invariavelmente recepciona os conteúdos com considerável interesse e perplexidade perante a complexidade e os meios de operação nesse ambiente. Em um primeiro momento ele não acredita ser possível a realização das propostas diante das dificuldades e do tempo disponível, contudo, no encadeamento do curso ele verifica que paulatinamente os objetivos vão sendo atingidos.

Os laboratórios "facilitam o exercício profissional no dia a dia", conforme uma produtora de televisão, e surpreendem positivamente, como conta este diretor de rádio: "eu necessitava da prática laboratorial, a teoria foi ótima e necessária, mas a prática deu qualidade, organicidade e produtividade profissional àquilo que eu já fazia, mas necessitava fazer melhor, com profissionalismo". É frequente também a afirmação de que os laboratórios ajudaram a "aprimorar aquilo que eu já fazia, e agora faço com profissionalismo; o laboratório de rádio é um deles, por exemplo, hoje faço produção, edição e locução de programas", como relata um seminarista, responsável pela programação religiosa de uma emissora. Um jovem padre do Nordeste também dá seu depoimento:

> Fiz três laboratórios: teatro, rádio e internet. Neles tive a oportunidade de aprimorar meus conhecimentos e minhas habilidades no manuseio destes três meios de comunicação. A maior contribuição foi a obtenção de *know-how* para lidar com eles na minha realidade local. Para isso contamos sempre com professores bem preparados que nos faziam tirar o máximo proveito na assimilação de saberes técnicos e operacionais desses meios. A parte prática nos deu um preparo condizente com a realidade, habilitando-nos concretamente para usar, no meu caso, o teatro, o rádio e a internet a favor do trabalho pastoral e educacional.

O objetivo dos laboratórios, percorrendo o processo de produção que envolve o pensar e planejar a realização, tem em vista capacitar as lideranças para que, com a visão do processo, possam coordenar suas equipes. A professora Carla confirma: "Acredito que os alunos são habilitados a coordenar equipes para a produção/elaboração de conteúdos para a *web* ao término do laboratório".

Na metodologia teórico-prática, o docente precisa ter a capacidade de ir ao encontro das necessidades do cursista: "A parte prática também é de alto nível. Os professores têm a capacidade de partir do nível onde os alunos estão e conseguem fazer os alunos crescerem e se entusiasmarem com a experiência prática que se faz". Trabalhar a partir do cursista é tratá-lo como sujeito do processo, despertando nele não só o potencial, mas o gosto e a alegria de crescer e ter entusiasmo pelo que faz, sendo protagonista do processo educativo-libertador da comunicação.

As respostas sobre o aprendizado levam a analisar a postura de quem se apropria de conhecimentos teóricos e práticos numa área de conhecimento necessária para certa autonomia no exercício da própria liderança que possibilita novas experiências. Esta capacidade de criar algo novo mediante a apropriação de conhecimentos recorda que todo trabalho requer e nele "[...] existe um mínimo de qualificação técnica, isto é, um mínimo de atividade intelectual criadora" (GRAMSCI, 1985, p. 7).

Conviver e relacionar-se na comunicação

Um dos eixos da metodologia integrada na comunicação é o *conviver*, que envolve o ambiente e o acolhimento às pessoas que chegam para que se sintam bem e possam vivenciar uma experiência positiva e produtiva. Considera-se que o aprendizado da comunicação não está só na reflexão e na prática, mas no ambiente, na comunicação visual e sonora, nas relações com as pessoas, bem como na infraestrutura e no entorno, pois são condições para o *ser* e o *produzir* comunicação.

A cultura da mídia traz elementos que são assumidos na vivência cotidiana, como o sentido atribuído ao ambiente, à comunicação visual, à estrutura, chamados de *ground*, termo aplicado à fotografia, como o pano de fundo, o entorno, o ritmo das luzes, que influenciam no valor da mensagem. Conforme Babin, na linguagem das mídias o entorno é mais importante, fundamental e estrutural do que o ponto focal para onde os olhos convergem: "o que se passa no plano de fundo da consciência é mais determinante do que aquilo que se agita no primeiro plano da consciência" (BABIN; ZUKOWSKI, 2005, p. 87). Esses elementos compõem a comunicação de forma integrada, em que pessoas, ambientes, cores, sons, relacionamentos e tecnologias convergem.

Em textos que descrevem a experiência na "formação para a produção e recepção do vídeo pastoral" e a "formação para o rádio" (CORAZZA, 1995, p. 171-177), o destaque é para a metodologia teórico-prática participativa, o trabalho em equipe, os desafios da linguagem e o profissionalismo. Ao lado disso, a integração do grupo é fator prioritário para a produção da comunicação. Os cursos estimulam e desafiam a criatividade e, ao mesmo tempo, a convivência e a ajuda mútua. A ênfase dada por cursistas é "a *satisfação de aprender* coisas novas, a oportunidade de criar e exercer o domínio sobre a técnica. Isso proporciona 'o prazer de sentir, eu estou vivendo mais e melhor'" (CORAZZA, 1997, p. 105-112).

A comunicação vista de forma integral envolve não só a capacitação para pensar e produzir conteúdos teóricos e práticos, mas o relacionamento entre as pessoas e espaços propícios para a assimilação da comunicação. Alguns desses aspectos percebidos e mencionados são a "acolhida calorosa e simpática", "trocas de experiências animadoras", "lugar de experiências, de troca de experiência, de aprender".

Contar com espaços adequados torna-se um componente do aprendizado, conforme depoimento de um cursista, também professor de Teologia: "desenvolvimento das técnicas em ambientes apropriados, bem preparados para o ensino, bem como professores superqualificados". Os diversos elementos se somam para uma experiência bem-sucedida: "A experiência da prática laboratorial foi muito interessante, pois tanto os professores como a estrutura física e de equipamentos do curso permitiam aos alunos um aprendizado vivenciado".

Os momentos da prática são também espaços que provocam encantamento e expressão do afeto, conforme o depoimento deste padre: "Os laboratórios são maravilhosos. Além de ajudar a aproximar os alunos, nos permitem um aprofundamento prático e, portanto, muito mais profundo daquilo que muitas vezes seria somente teoria". A sensação de que os laboratórios proporcionam momentos agradáveis em que se produz comunicação, no diálogo e na troca e de forma lúdica, nos remete às linguagens que envolvem os sentidos: a visão, a audição, a criação, a interação no trabalho coletivo, numa experiência que vivencia o apoio, o afeto e a alegria.

Uma jovem relata a experiência de atribuir novo sentido às suas ações após ter feito o curso: "tudo foi se tornando muito melhor, a comunicação foi ganhando um novo sentido, ou seja, fui dando mais importância a tudo aquilo que faço e vivo". Essa percepção revela a compreensão da comunicação para além do uso dos meios e de como se sente uma pessoa que dá sentido à sua comunicação no cotidiano. A compreensão do processo da comunicação é dada por uma jovem religiosa: "na pastoral que faço, de certo modo, produzo comunicação, pois trabalho diretamente com as pessoas e me comunico de forma verbal e também escrita", revelando compreender que a comunicação está nos diferentes modos de comunicar. O despertar do potencial e possibilidades na experiência comunicativa revelam-se no depoimento de um padre que trabalha com a juventude:

> Ampliou a condição do conhecer o que é comunicar. Aumentou o desejo de prosseguir nesse processo formativo de comunicação. Algo que eu já tinha um carinho muito particular e com a presença e vivência do curso ajudou a crescer e perceber que ainda se pode avançar mais e é preciso ir mais além. Um bom modo de comunicar colabora para um melhor modo de se fazer compreender.

A compreensão de que o ambiente comunica, numa percepção intuitiva e sensorial, confirma-se no depoimento do professor Ricardo Lulai: o que mais gratifica esse trabalho é "a harmonia e o ambiente acolhedor do SEPAC", destacando: "As pessoas fazem a diferença nesse curso. Desde a recepção, passando pelos serviços como secretaria, coordenação, incluindo o bem-estar do cafezinho, permite que estejamos em uma aura positiva e ativa para o sucesso de qualquer proposta". Essa experiência de imersão que acontece neste curso intensivo reforça a experiência aliada à reflexão e convivência: "A imersão designa um modo de formação no qual se aprende mais pelo *contexto* global que pelo ensino formal, pelo *fazer* que pelo *dizer*, pela *relação* com os mestres e a companhia do que pelo estudo individual" (BABIN, 1993, p. 36).

A metodologia que abarca a reflexão, a prática e a convivência poderá contribuir com os comunicadores do campo pastoral, a fim de estabelecerem coerência entre o pensar, o produzir e o conviver, que são partes do processo participativo e dialógico, das diferentes linguagens. Essas características educomunicativas podem ser um diferencial em seus ambientes de atuação.

Metodologia teórico-prática e a formação do sujeito

Por serem desafiados pela realidade em que vivem, tendo que atuar na comunicação, identificamos como traço comum a necessidade de aprender para atuar. E a dinâmica leva a pensar e produzir comunicação de forma integrada. Um dos diferenciais apontados nas respostas é a metodologia que inclui o aprender as coisas práticas, uma vez que não é comum um curso de especialização,[3] mesmo em comunicação, ter disciplinas práticas que permitam o aprendizado da produção ou que trabalhem o modo de comunicar das pessoas. "Ele traz a simbiose entre teoria e prática, o que torna o curso satisfatório e agradável", afirma

---

[3] Trata-se de Curso de Especialização "Cultura e Meios de Comunicação, uma abordagem teórico-prática", do SEPAC, em convênio com a PUC-SP (COGEAE).

um cursista. Introduzida para atender a uma necessidade do público que precisa desse conhecimento em seu dia a dia, a parte prática é reconhecida também por profissionais da comunicação, como um jornalista, assessor de imprensa:

> Os laboratórios são um grande diferencial do curso que, mesmo sendo de pós--graduação, nos proporciona uma formação prática, contribuindo para uma reciclagem nos usos das técnicas, mas também fortalecendo as discussões nas aulas teóricas. As aulas teóricas e práticas se complementam, nos ajudam a refletir e construir um aprendizado mais consistente.

A ligação entre teoria e prática é mencionada e reconhecida por este jornalista: "os laboratórios tornam a teoria palpável nas práticas comunicacionais. Além disso, por conta da metodologia, dão dinamicidade ao que é proposto, tornando-os agradáveis de serem feitos". Pessoas que não são da área da Comunicação e da Produção avaliam o aprendizado, como este professor:

> Através do laboratório fizemos a experiência da comunicação em tempo real. A teoria despertava o interesse pela busca. O laboratório comprovava *in loco* o quanto é necessário o exercício, a experiência, o "aprender fazendo". A exigência de exercitar-se com os diferentes meios e formas da comunicação nos ajudou a compreender sua natureza, os fins a que podem servir.

O aprendizado da produção ajuda, sobretudo, as lideranças a darem-se a oportunidade de aprenderem a fazer; entretanto, a formação não se reduz aos laboratórios, mas são consequência de colocar em prática um conteúdo que dá mais visão e abertura para a pessoa, e, portanto, esses referenciais novos vão sendo conjugados na parte prática, da produção.

Sabendo que cada laboratório é uma nova experiência que abre um horizonte de ação e aprofundamento, "os laboratórios foram positivos e ajudaram a desmistificar o uso dos meios", afirma um jovem padre. De fato, entender o processo de produção, apropriar-se do conhecimento, saber o que se passa nos bastidores, abre outro nível de consciência e cria um distanciamento já muito discutido e recomendado. A compreensão de que a teoria e a prática são partes da mesma realidade é explicitada pelo padre Manoel Oliveira Filho:

> Dentre os inúmeros contributos que o SEPAC me deixou, o mais significativo, o que mais influenciou meu caminho pastoral foi compreender que teoria e prática são complementares e devem andar juntas no ser da Pastoral da Comunicação. Somos sempre muito tentados a um experimentalismo, apostando num fazer

que busca dar respostas imediatas às demandas do nosso tempo. E, em função desta necessidade, sempre pensamos que o fazer deve se sobrepor ao pensar.[4]

Com frequência há afirmações de que "os laboratórios nos levaram a utilizar as ferramentas adequadas às necessidades de cada realidade comunicacional e desenvolver as técnicas por meio dos recursos oferecidos", conforme relato de um cursista. A prática "é a oportunidade que se tem para poder aprender a manusear certas técnicas e instrumentos que são necessários para se fazer um bom trabalho na área da comunicação", segundo afirmação de um educador. As expressões ferramentas, técnicas e instrumentos revelam um olhar bastante instrumental e utilitarista, sendo que algumas pessoas ainda não conseguem perceber que nessas técnicas e recursos há novas linguagens que facilitam o aprendizado e o exercício da comunicação.

A comunicação na interface com a educação e a pastoral

Entre as ações relatadas, o que se destaca é a mudança em relação ao olhar da comunicação, tanto para quem trabalha na área da pastoral quanto na da educação. O conhecimento e, sobretudo, a fundamentação teórica no campo da comunicação despertam para novos saberes. Uma docente de Língua Portuguesa relata que o curso trouxe uma visão mais ampla sobre a pós-modernidade, as novas tecnologias, a teoria da recepção: "Normalmente, as pessoas pensam a comunicação centrada no emissor. O curso levou-me a perceber o quanto o receptor é ativo no processo de comunicação". A reelaboração dos conteúdos recebidos e a capacidade de recriar a comunicação estão de acordo com a afirmação de Martín-Barbero (1995): "A comunicação é questão de sujeitos, de atores e não só de aparatos e de estruturas [...] a comunicação é questão de produção e não só de reprodução".

A mudança acontece também na capacidade de criar programas que façam com que o outro se torne protagonista e sujeito, inclusive as crianças na produção do programa e alimentação do *blog*, conforme descreve esta cursista:

> *Rádio Criança* é um projeto que apresentei e foi abraçado. Este programa é feito por crianças com idade de 5 a 13 anos, em sistema de rodízio, sendo a cada domingo apresentado por cinco crianças. Atualmente trabalhamos com 30 crianças

---

[4] REVISTA PAULINAS. *SEPAC 30 anos*, ano 12, n. 47, jun. 2013, p. 9.

de diversos bairros. As crianças são protagonistas no programa e semanalmente elas alimentam seu *blog*.

A comunicação vista como processo e não de forma mecânica muda o olhar e ajuda a obter argumentos de como a comunicação vai além da técnica: "Temos a tendência de ver a comunicação com um viés mecanicista. O curso dá ênfase aos processos comunicacionais, mais do que aos meios. Isso ajudou deveras a defender uma comunicação que vai além da técnica", afirma um seminarista e jornalista. Essa visão favorece repensar a comunicação nos diferentes campos, uma vez que o processo aplica-se à pastoral e ao uso dos meios, conforme o depoimento deste estudante de filosofia:

> Ao compreender que comunicação é um processo, compreendi também que seu conhecimento não pode ser esgotado. Ao longo do curso, novas provocações incentivaram-me a continuar buscando compreender a globalidade do fenômeno, relacionando-o a outros campos, inclusive. Depois, uma consciência pastoral do processo, relacionando-o à vida eclesial, foi significativa para mim, ajudando a dedicar-me à implantação da PASCOM em nossa diocese. E, por fim, uma série de ideias aprendidas no curso ajudaram nossos meios a se aperfeiçoarem.

Uma religiosa acredita que abrir mais espaço à interatividade e à participação ajuda as pessoas a se comprometerem: "Isso faz diferença no processo, porque as pessoas acabam se envolvendo e assumindo mais". Uma das mudanças relatadas é em relação à visão mecanicista da comunicação, principalmente no que se refere ao uso dos meios, como conta um jovem padre, que antes pensava na comunicação como uso das ferramentas: "o curso abriu minha visão para o uso dos meios, mas também para sua correta análise a partir de várias perspectivas, principalmente na comunicação como conquista de dignidade e avanço social e comunitário".

A comunicação no processo do cotidiano e na produção requer um olhar mais crítico, não só para quem recebe, mas para quem produz, conforme opinião de uma profissional de odontologia, atuante também na área da Comunicação:

> Escrevo e participo do programa de rádio com mais consciência e enxergo o mundo com outros olhos. Tento fazer tudo melhor, respeitando os embasamentos que tive durante o curso. Sinto-me mais segura e observo como alguns profissionais e certas empresas da área de Comunicação deixam a desejar e não se empenham como deveriam. Meu olhar é mais crítico e realista.

A compreensão do processo da comunicação também oferece aos educadores novas formas pedagógicas e comunicativas para a sala de aula, conforme conta um docente de Língua Portuguesa e Literatura: "Após o curso e trabalho de pesquisa sobre o uso do cinema na sala de aula, melhorei minha forma de trabalhar filmes, e tenho certeza de que alguns colegas também. Sinto que meus alunos assistem a filmes hoje com olhares diferenciados". E proporciona aos educadores novo repertório na leitura dos meios, segundo o relato desse educador: "Sei que não sou um 'produtor' direto de comunicação, mas sei que meu filtro de leitura de meios e mensagens ficou mais afinado, bem como maneiras de lidar com grupos escolares na educação básica e superior". O empenho desse professor de Ensino Médio é adequar a sala de aula ao cotidiano vivido pelos adolescentes: "E hoje, com as mudanças na educação, mais precisamente em se tratando do 'Reinventando o Ensino Médio', estou defendendo nas duas escolas que leciono a área profissionalizante de Tecnologia e Comunicação, pois fará um bem para nossos adolescentes".

A aplicação prática de conceitos e trabalhos produzidos mostra a formação de lideranças que multiplicam e transformam os conhecimentos recebidos, conforme esse assessor de imprensa: "Após a especialização também iniciei minha experiência na docência acadêmica, na qual tenho colocado muitas das teorias e práticas aprendidas no curso".

O campo de atuação dos cursistas é também qualificado em suas pesquisas e na atuação prática pela teoria que fundamenta, conforme depoimento desse educador e professor de teatro: "Mantive minha pesquisa sobre meu objeto de estudo, 'O Teatro do Oprimido e suas relações com a comunicação de massa'. Em minha produção artística, o tema da crítica à mídia passou a ser constante, com maior base teórica".

A interface da comunicação é uma descoberta entre os cursistas, quando aprofundam o tema em seus projetos de pesquisa. Ela perpassa a vida cotidiana, as ações e o relacionamento entre as pessoas nos diferentes campos, conforme depoimento de uma profissional de odontologia:

> Com a pós fiquei mais próxima do mundo da TV, do Rádio e da Internet. O convívio com o tema da monografia me levou para um universo muito diferente das áreas que atuava, apesar de conseguir *linkar* todas as minhas atividades a esta nova etapa de minha vida. Consegui identificar que odontologia, homeopatia e comportamento social colaboram para que os comunicadores possam ter mais qualidade em suas funções.

O conhecimento no campo comunicacional favorece a mudança da visão de mundo e dá um diferencial, conforme a afirmação desse professor do Ensino Médio: "Hoje vejo que a comunicação é de extrema importância na vida do ser humano, pois é na convivência com meus colegas professores que percebo o quanto sou diferente deles, pois, afinal de contas, tenho um domínio maior da comunicação". Sem dúvida, o olhar comunicacional, aplicado no ensino, é um diferencial de competência, que é transitar em diferentes conteúdos, reflexão, linguagem apropriada no campo educacional.

Diálogo com a sociedade: profissionalismo e presença na mídia

Um dos desafios para a Igreja na sociedade atual é o diálogo entre fé e cultura, conforme o pensamento da Igreja sobre a evangelização no mundo contemporâneo (PAULO VI, 1976, p. 22). O diálogo com as pessoas, imersas na cultura da comunicação, passa pela preparação de lideranças que tenham conhecimento das diferentes linguagens e não se preocupem apenas em multiplicar a palavra do Evangelho e os ensinamentos da Igreja (JOÃO PAULO II, 1991, p. 63), sendo capazes de estabelecer diálogo com a sociedade atual, mediante um trabalho qualificado e competente. Esta pesquisa aponta que a maioria dos participantes do curso é presbítero (padre), já com formação acadêmica na área de Filosofia e Teologia, e alguns são mestres ou doutores na área da Teologia.

A presença no campo da comunicação é citada por cursistas, como esse doutor em Teologia, que fez o curso de especialização no SEPAC: "Tenho um programa semanal de rádio, FM, de dois minutos. E tenho participado de diversos debates com os alunos no curso de comunicação. Participo de temas polêmicos". Outros são responsáveis pela comunicação em suas instituições, como esse religioso, que faz um programa de rádio diário na cidade de São Paulo: "o curso foi fundamental para atuação no serviço junto à Frente de Evangelização da Comunicação em nossa Província, assim como na compreensão do exercício de comunicar e da amplitude que esta prática abrange". A inserção no campo da comunicação abre espaços de participação com produções de manifestações culturais da região, conforme o depoimento de um padre do Mato Grosso do Sul:

> Terminada a formação no SEPAC, tive a possibilidade de celebrar várias missas televisivas, participei de programas televisivos e entrevistas. Recentemente a TV Cultura do MS realizou um documentário sobre a importância da Festa do

Divino Espírito na tradição do homem pantaneiro, aqui na paróquia onde atuo pastoralmente, que será lançada e exibida em nível nacional.

As publicações e atuação na mídia local estão entre os relatos de um cursista: "Após o curso publiquei a monografia, entrei para fazer parte dos programas da *Rádio*, com programa semanal e entrevista; escrevo também para jornais da cidade, participo da equipe de comunicação da Província religiosa". Um professor universitário e radialista sinaliza que, em sua atuação, "houve um salto qualitativo no fazer/produzir/emitir, principalmente porque vivo ininterruptamente o mundo da notícia".

A atuação em emissoras locais, jornais e *sites* é uma constante como motivação pessoal e reconhecimento local, que amplia a atuação e o idealismo, conforme este relato de um seminarista: "A mais nova contribuição é que fui convidado para ser entrevistador num programa católico. Ressalto que em todas essas contribuições meu trabalho é voluntário. Não recebo nada pelos mesmos, mas faço com muito amor e doação". A mudança acontece também na interação com as comunidades, que se despertam, promovendo a interação e participação com o ouvinte.

A formação e capacitação teórico-prática proporcionam elementos para associar saberes e conhecer novas linguagens, específicas de cada mídia, conforme relato de uma produtora de televisão católica: "sentia muita dificuldade de ter uma linguagem que fosse apropriada aos meios de comunicação. O curso me proporcionou, também, uma visão diferente quanto ao pensar e fazer comunicação na Igreja, dar mais profissionalismo aos meios católicos". A necessidade de fazer a comunicação de forma profissional, segundo Puntel, "não é só fazer bem de acordo com o que é profissional, mas integrado com sua área de atuação, por exemplo, uma pessoa ligada à evangelização, professor ou profissionais que apresentam, organizam encontros, o que lhes dá mais segurança e garantia". A questão do ser profissional é a constatação de um diretor de emissoras de rádio católica:

> Hoje estou produzindo meus próprios programas. Posso orientar profissionalmente os funcionários das emissoras com muita segurança e conteúdo. Pude dar uma qualidade ética naquilo que é produzido pelas emissoras. Somos mais inseridos socialmente, nos estúdios, com programas de desenvolvimento social e na prática. Criamos nossos sites.

Muitos trabalham em veículos próprios da Igreja. Outros estão inseridos em emissoras e jornais que prestam serviço na sociedade, conforme o depoimento deste cursista, um padre responsável pela comunicação, cuja diocese não possui meios próprios. Ao lado de uma atuação em mídias locais e regionais, os cursistas relatam o trabalho realizado nas comunidades e nos meios próprios, tendo em vista formar, organizar e melhorar a comunicação das pessoas e com os fiéis dentro da Igreja.

Qualificar a comunicação no interior da Igreja

A missão do SEPAC reflete-se nos relatos dos cursistas que, motivados, tornam-se multiplicadores nos meios de comunicação, conforme relato de uma radialista: "na área em que atuo, o rádio, pude reelaborar todo o conhecimento que já trazia. Montei um curso de produção de rádio e refiz todo o meu projeto de trabalho a partir do conhecimento teórico e prático que recebi no curso". O conhecimento é aplicado também nas dioceses, conforme síntese de um coordenador da Pastoral da Comunicação:

> Momentos formativos em várias paróquias; realização de Mutirão diocesano de comunicação; acompanhamento e coordenação da programação religiosa de uma emissora de rádio; aplicação de oficinas nas paróquias e grupos da Diocese, "Liturgia e comunicação e produção e apresentação de programas de rádio".

O conhecimento na área da Comunicação instiga os cursistas a melhorarem as estruturas de comunicação local, conforme informação de um presbítero, responsável por uma paróquia: "melhoramos a utilização dos recursos da informática e da oratória, na diagramação e na divulgação de material escrito e audiovisual. Implantamos um jornal mensal paroquial, uma missa e um programa de rádio semanal, transmitidos ao vivo". A melhoria da comunicação dentro das igrejas também é testemunhada por um cursista:

> Na paróquia onde trabalho faz-se o boletim paroquial, o qual é muito simples. No entanto, ao chegar aqui na catedral metropolitana, procurei colocar em prática o que aprendi no SEPAC. Trata-se de um boletim de quatro páginas que tem muita aceitação e divulgação. [...] E procuro usar muito bem o microfone nas missas diárias da catedral, nas homilias.

A organização da Pastoral da Comunicação (PASCOM) e a formação para exercê-la é um desafio que precisa ser enfrentado comunitariamente, conforme relatado por um padre: "Após o curso implementamos a formação da PASCOM diocesana, demos novo impulso aos nossos meios: rádio, *site*; hoje temos *Web* TV e trabalhamos com Redes Sociais", o que lembra as palavras do Papa Francisco: "Aos problemas sociais responde-se, não com a mera soma de bens individuais, mas com redes comunitárias" (FRANCISCO, 2015, p. 174).

O mesmo esforço é aplicado em comunidades do interior, conforme resposta dessa agente pastoral e professora: "encaminhamos a produção de um jornalzinho paroquial, ministramos oficinas em outras paróquias, assim como contribuímos para pensar estratégias de divulgação das ações da paróquia e da diocese em épocas festivas e encontros".

Nos depoimentos constata-se que a atuação e também a formação estão na interface comunicação e pastoral, comunicação e liturgia, no trabalho que interliga a ação presencial da comunidade e a presença nas pequenas mídias, bem como nas redes sociais. Observa-se que a transversalidade perpassa a prática dos cursistas que fizeram curso no SEPAC, como um padre conta, onde são transmitidas missas pela rádio, de terça à sexta-feira, e outros programas religiosos. Ele é assessor na área de liturgia, e também diretor de um Curso de Teologia para leigos: "Também tenho participado de entrevistas, divulgando a pastoral litúrgica [...]. Acompanho a PASCOM da minha paróquia, que possui informativo impresso, *site* e Facebook".

A formação na área da Comunicação na liturgia é um tema importante, porque diz respeito à comunicação nas celebrações, não só nas missas, mas em todos os momentos celebrativos e de atos religiosos. A homilia é uma questão crucial trabalhada pelo Papa Francisco em sua Carta Apostólica (2013), na qual dedica 25 números para falar da necessidade do cuidado e preparação deste momento.

A liderança dos cursistas está também no interior das instituições, conforme relato de uma religiosa: "Estou buscando apoiar todas as iniciativas de formação e a importância do uso adequado dos MCS na instituição. Acompanho as pessoas responsáveis pelos *sites*, publicações (revistas, boletins) da Congregação". Iniciativas regionais articuladas por ex-alunos do SEPAC promovem formação, conforme depoimento de um padre:

> Depois do curso criamos no Seminário Interdiocesano uma comissão de Comunicação, onde organizamos cursos e debates levando pessoas capacitadas para ministrar palestra com a professora Joana Puntel; ainda no seminário organizamos nosso primeiro periódico. Junto com a Comissão Regional de Comunicação, organizamos os encontros regionais de Comunicação; este ano tivemos o terceiro. Em nossas dioceses já organizamos em várias paróquias a PASCOM. No Piauí, hoje, todas as Dioceses já têm site, fruto do incentivo de vários ex-alunos do SEPAC.

E o trabalho acontece nas diversas regiões do país, conforme depoimento de outro padre: "tivemos a iniciativa de programar a 'convergência de mídia' na PASCOM diocesana e nas mídias que atuamos enquanto sistema de comunicação. Os desafios maiores são: recursos humanos e atualização de conteúdos".

Os depoimentos remetem aos desafios da qualificação das pessoas que atuam na comunicação das comunidades, sendo que a metodologia teórico-prática possibilita a apropriação do conhecimento reflexivo e de linguagens adequadas à produção de conteúdo às diferentes mídias, aliada à convivência que qualifica a missão pastoral e evangelizadora.

Capítulo 5

O sujeito ator, práticas
e interfaces na comunicação:
caminhos e perspectivas

*O ator não é aquele que age em conformidade
com o lugar que ocupa na organização social,
mas aquele que modifica o meio ambiente
e sobretudo social no qual está colocado,
modificando a visão do trabalho, as formas de decisão,
as relações de dominação ou as orientações culturais.*
Touraine

A Educomunicação na pastoral requer uma visão integrada da comunicação, que conjuga teoria e prática de forma interligada entre si e uma sadia convivência, que envolve o diálogo e a participação. Este processo favorece os processos da comunicação, que começa com o acolhimento de uns para com os outros, o cuidado da comunicação nos ambientes para que sejam espaços humanos, educativos e evangelizadores.

O *pensar* e o *atuar* desdobram-se em projetos de intervenção, ou seja, na atuação concreta, como a capacidade de rever processos de comunicação no interior das instituições, rever as relações interpessoais, reconhecendo limites e perspectivas no espaço educativo e pastoral. As políticas e práticas de comunicação na Igreja também se situam no campo da intervenção, uma vez que a Pastoral da Comunicação é uma política, enquanto organiza as ações das comunidades num projeto comum que estabelece um trabalho norteador para a comunicação na Igreja, em cada região.

Projetos de intervenção a partir da comunicação comunitária, nas emissoras de rádio em diferentes regiões do país, discutem o processo das relações sociais em diversas dimensões, entre elas a verdadeira função de uma Rádio Comunitária, sua ideologia enquanto espaço privilegiado de comunicação, impulsionando o espaço democrático. Entre as experiências há as que cumprem as propostas de participação e outras, ditas comunitárias, que não atendem a pressupostos como os interesses da comunidade e a participação dos moradores da região. No rádio a intervenção acontece em programas de informação e formação e diálogo com a cultura local, em trabalhos educomunicativos com crianças que se tornam protagonistas do processo, produzindo e apresentando programas.

A comunicação e questões sociais, étnicas e culturais com índios, negros, movimentos sociais, na escuta das populações ribeirinhas, também fazem parte desses projetos de intervenção, em que se analisam com essas populações a identidade, a cobertura da mídia, ou organizam-nas para ações concretas em favor de seus direitos, como é o caso de Salto da Divisa (MG), onde "Os meios comunitários e a Rádio Comunitária 'Voz do Povo' recuperaram a palavra dos excluídos e deram voz aos que não tinham voz" (BARBOZA, 2006, p. 104).

Esta atuação remete ao pensamento de Mário Kaplún com relação à pedagogia da comunicação: "a apropriação do conhecimento pelos alunos se catalisa quando eles são instituídos e potencializados como emissores. Seu processo de aprendizagem é favorecido e incrementado pela realização de produtos comunicáveis e efetivamente comunicados" (KAPLÚN, 2014, p. 78).

A interface na comunicação educativa e pastoral

No recorte da comunicação presencial, face a face, consideramos que a sala de aula é um espaço que, em princípio, possibilita a interação e o diálogo e onde é possível avaliar também as relações fundamentais da Educomunicação. Constata-se que há, ainda, uma dissociação do saber escolar com o saber midiático e uma tensão entre o conhecimento do acesso e sua integração com a escola. Os alunos que chegam à sala de aula, independentemente da classe social a que pertençam, estão impregnados da cultura midiática, do saber disponível nas Redes, sobretudo com o acesso às tecnologias móveis. Esta é uma mudança cultural considerada pela educadora francesa Geneviève Jacquinot: "A casa não é mais o 'lar', não é mais um lugar que permite conservar a criança ao abrigo do mundo exterior, mais do que a sala de aula!" (JACQUINOT, 1997, p. 5). Para ela é preciso aproximar a escola da mídia e vice-versa, pois ambos têm algo a compartilhar e, ao mesmo tempo, é preciso formar os educadores para que possam fazer essa integração.

Na interface comunicação e Igreja as pesquisas trabalham experiências diversificadas, tendo como eixo a comunicação na avaliação das práticas, algumas voltadas ao aprofundamento de temas teóricos e teológicos, outras a aspectos da formação e comunicação no interno das comunidades. Os estudos se ocupam do diálogo e da presença da Igreja na sociedade em diversas linguagens, tanto na oralidade, na comunicação presencial, quanto na comunicação mediada, como impresso, rádio, televisão, Internet e redes sociais.

O enfoque dado à comunicação no processo avaliativo interno e o modo de comunicar a mensagem revelam um desejo de aprimorar o anúncio da Palavra, como a comunicação nas celebrações e na educação da fé e a comunicação da Palavra nas homilias e celebrações, com uma avaliação crítica. Ao mesmo tempo, mostra a necessidade de aprofundar a dimensão comunicacional em assuntos teológicos, bíblicos, de espiritualidade, com novas linguagens, tendo em vista a sensibilidade do ser humano contemporâneo.

A interface da comunicação na Igreja analisa também as políticas de comunicação no interno dela mesma, a produção de programas de evangelização no rádio, a análise de fenômenos midiáticos, jovens, e a linguagem *ciber* no contexto da evangelização, bem como a cultura digital, neste contexto.

Compreender o interlocutor pelas práticas na cultura digital

Um desafio para educadores e agentes pastorais é a apropriação das tecnologias e das novas linguagens no ambiente educativo. As análises mostram o desejo de compreender o novo sujeito por meio de práticas, já que, quando adotadas em favor do aprendizado, as mídias sociais ajudam na educação. Entretanto, em alguns casos, entre alunos, as redes sociais são usadas para *cyberbullying* ou apenas como entretenimento, e não em favor da cidadania. E o questionamento é em relação ao "para quê" apropriar-se dos recursos, como servir-se deles, o que requer educação para a comunicação aos docentes, jovens e adolescentes.

Uma das contribuições para a Educomunicação é a análise da linguagem na *web*, o que Melo (2010) faz quando avalia fatores que atuam na elaboração do *internetês*, entendido como nova vertente da língua portuguesa em sua modalidade escrita, advinda da conversação *web*, a qual é estudada por Citelli (2006), como o "internetês da tribo", e que Recuero (2012) caracteriza como apropriação da escrita "oralizada".

No campo da evangelização, destacam-se estudos que investigam por onde passam as mudanças nas linguagens digitais com jovens, nos relacionamentos *ciber*. Alguns agentes pastorais querem compreender os jovens e a linguagem adotada nas redes sociais, com inovações que trazem novos sentidos e expressões ligadas a novos hábitos, "cibercostumes". Na análise, observa-se o desejo de compreender a presença do jovem nas redes sociais, procurando ver como se dá este relacionamento, também em relação ao presencial.

A cultura digital é objeto de pesquisa que analisa os jovens e suas conexões pela Internet não só na escola ou nas casas, mas na mobilidade, nas *lan houses*, tanto pelo acesso como para traçar um perfil dos frequentadores, e como isso interfere no relacionamento. As pesquisas que mapeiam aspectos buscados pelos jovens nos relacionamentos das redes sociais e a interferência da presença *on-line* em culturas tradicionais denotam que educadores e agentes pastorais estão atentos às mudanças culturais e ao relacionamento dos jovens em diferentes espaços, para abrir canais de diálogo.

Apropriação das tecnologias e análise de produções midiáticas

Um dos pilares da Educomunicação é a apropriação das tecnologias em sala de aula, discutida de forma crítica na interface comunicação e educação. Não se trata apenas de adotar as tecnologias, mas de ajudar os docentes a compreenderem o lugar da comunicação e adquirirem conhecimento teórico-prático das linguagens, e não a considerarem apenas como suportes tecnológicos. As pesquisas realizadas mostram como o cinema é adotado em sala de aula, contribuindo para o conhecimento, e, ao mesmo tempo, como há resistências à sua linguagem. Então, a pergunta: por que os professores usam tão pouco o cinema em sala de aula? Segundo Almeida, não é necessário que os professores sejam críticos ou especialistas em cinema, mas, em geral, constata-se "desconhecimento de características dessa linguagem, ou seja, dos códigos que constituem a linguagem fílmica ou linguagem cinematográfica" (ALMEIDA, 2014, p. 129).

Pesquisas demonstram como a "Leitura Crítica" que se faz de jornal impresso, rádios comerciais, televisão, publicidade e internet, em análises de produções locais, mantém viva a atitude cidadã, exemplificada no estudo "Imaginário & mídia: análise do programa 'Rádio Atitude' da FM Vale do Xingu em Altamira (PA)", que tem como objetivo criar uma imagem favorável do patrocinador em relação à responsabilidade social e ambiental. Produzido pelo patrocinador, este se apropria da linguagem local e aborda assuntos de interesse da região; entretanto, afirma o pesquisador: "através do programa 'Rádio Atitude', com seus apresentadores, está solidificada uma imagem de empresa comprometida com a região, na tentativa de fazer com que o ouvinte não veja os malefícios que ela causa no subsolo paraense" (NETO, 2007, p. 58).

Esses estudos são realizados com mídias católicas locais ou regionais, como programas de televisão, jornal local de dioceses, *marketing* em sites católicos, com o objetivo de avaliar aspectos da produção e da sua relação com o público. Há também a análise de fenômenos midiáticos na Igreja Católica, como de padres com programa em emissoras comerciais em nível nacional, com grande audiência por meio do rádio. A avaliação está não só no que eles fazem na mídia, mas também na sua alta audiência e nas respostas que dão às pessoas.

Análise da comunicação no interior da Igreja

A comunicação na Igreja é um dos pontos analisados pelos cursistas do SEPAC, que envolve a relação com os fiéis de forma coletiva, como nas missas, celebrações, no relacionamento interpessoal em momentos de aconselhamento individual. Pelo menos oito pesquisas foram feitas estudando homilias, tanto com fiéis que as assistem como com os próprios padres, além da comunicação na liturgia, como o uso de apoio visual ou sonoro; além da comunicação nas celebrações e na educação da fé, momentos de encontro de grupos para a reflexão da Palavra de Deus e aspectos da comunicação, como o acolhimento que é dado às pessoas, em geral, e nos encontros pessoais.

A comunicação na Igreja não se refere apenas à palavra e à organização lógica do discurso, mas às expressões gestuais, à proximidade que abrange o processo e as linguagens, conforme descrito no capítulo quatro; uma comunicação que Martín-Barbero e Rey (2001) chamam de "uma nova era do sensível", também importante nos relacionamentos presenciais. A ênfase dedicada a estudos das mídias eletrônicas também se encontra nos relacionamentos presenciais, onde a oralidade e o tato estão presentes na relação, nesta realidade sensorial.

Há uma preocupação avaliativa com a qualidade da comunicação nos momentos presenciais de celebrações religiosas, demonstrando um sentido amplo de comunicação que não se reduz a meios, mas à comunicação como processo, à importância da pessoa que comunica no sentido integral, bem como da Palavra de Deus nas celebrações.

O "intelectual orgânico"
no campo da evangelização

A partir de 1990 o SEPAC deu novo enfoque a seu trabalho para responder às demandas dos agentes pastorais, que manifestaram o desejo de uma formação mais consistente. A equipe constatou que as pessoas que procuravam capacitação eram lideranças atuantes em meios de comunicação da Igreja, em pastorais e na educação, caracterizando-as como mediadoras nas comunidades e no espaço educativo. Esse líder mediador é o que caracterizamos aqui como "intelectual orgânico" do espaço pastoral e educativo.

Na formação de multiplicadores ou mediadores que se apropriam do conhecimento teórico e prático e o compartilham em seu local de atuação, delineia-se o agente da Pastoral da Comunicação ou profissional da educação como um sujeito pensante que, como conhecedor do processo de produção, favorece a reflexão crítica e avalia suas próprias práticas, contribuindo para a formação de um pensamento comunicacional na área da Pastoral e da Educação. Referindo-se à formação no SEPAC, Soares (2010) caracteriza-a como um "núcleo pensante" que se está formando com representatividade em todos os estados do Brasil.

A partir desse agente de pastoral, deste grupo pensante, nos apropriamos do termo "intelectual orgânico", de Gramsci, ao se referir aos grupos políticos, no sentido de serem pessoas que refletem, possuem o conhecimento, estão em contato com as práticas e promovem mudanças. Os pesquisadores são hoje "intelectuais orgânicos" no campo da pastoral e da educação, na coordenação de projetos, na direção de escolas, pensando e produzindo comunicação, promovendo processos de comunicação nas pastorais e na evangelização, nas diversas linguagens e situações. Ao problematizar o conceito de *empoderamento*, que adotamos aqui como apropriação, Horochovski e Meirelles entendem que

> numa perspectiva emancipatória, *empoderar* é o processo pelo qual indivíduos, organizações e comunidades angariam recursos que lhes permitam ter voz, visibilidade, influência e capacidade de ação e decisão. Nesse sentido, equivale aos sujeitos terem poder de agenda nos temas que afetam suas vidas (HORO-CHOVSKI; MEIRELLES, 2007, p. 486).

Neste sentido o "intelectual orgânico" não se reduz a um gestor de processos, mas é alguém capaz de apropriar-se do conhecimento e dos processos de comunicação na formação continuada, neste pensamento educomunicacional. Estudos produzidos por cursistas do SEPAC comprovam como o educador e as pessoas ligadas à pastoral estão abertos a aprender e a compreender as mudanças culturais e tecnológicas que ocorrem, analisando o cotidiano com as novas gerações, como adolescentes e jovens, que estão nas escolas ou fazem parte das comunidades cristãs.

Em seus projetos de continuidade, após o curso, é significativo o número de pessoas que dizem atuar escrevendo em jornais, boletins, *sites*; produzindo e/ou apresentando programas de rádio ou televisão regional ou por cabo; atuando nas redes sociais, o que confirma terem voz e poder de agenda em temas que afetam a pastoral e o campo social. Um dos desafios para a Igreja na sociedade atual é o diálogo entre fé e cultura, o diálogo com as pessoas imersas na cultura da comunicação, que passa pela preparação de lideranças para que tenham conhecimento das diferentes linguagens, a fim de qualificarem sua presença como intelectuais orgânicos no campo da evangelização.

Pode-se dizer que o SEPAC é um *ecossistema comunicativo* que acolhe agentes pastorais e sociais no campo da educação para a comunicação. De fato, a educação não se resume apenas à apropriação de um conjunto de dispositivos tecnológicos (tecnologias da educação), mas aponta para a emergência de uma nova ambiência cultural, que se pode aplicar às análises aqui realizadas.

Em entrevista sobre a atuação no SEPAC, Soares[1] fala das primeiras experiências realizadas com escolas católicas que possibilitaram o amadurecimento da experiência educomunicativa:

> A experiência das "Feiras de Comunicação" do SEPAC antecipou em 17 anos o trabalho que o Núcleo de Comunicação e Educação – por mim fundado na USP, em 1996 – passou a propor às escolas públicas municipais de São Paulo, através do Educom.rádio, em 2001: o emprego de uma metodologia de educação para a comunicação de forma problematizadora mediante a pedagogia de projetos, numa perspectiva construtivista e dialética. Afinal, uma experiência nitidamente educomunicativa! (SILVA, 2010, p. 182).[2]

---

[1] De 1982 a 1988, Ismar de Oliveira Soares foi assessor pedagógico do SEPAC, gestando os projetos iniciais de Leitura Crítica da comunicação e o trabalho com escolas católicas, por meio da Associação das Escolas Católicas (AEC). A partir de sua atuação na ECA/USP, dá continuidade e amplia esse trabalho na universidade.

[2] Entrevista concedida a Fábio Gleiser Vieira Silva, para dissertação de mestrado na Faculdade Cásper Líbero, com o título *A Igreja Católica e a Comunicação na Sociedade Midiatizada*: formação e competência. São Paulo, 2010.

Este depoimento ratifica que a experiência do SEPAC, ao lado de outras latino-americanas, precedeu a organização do NCE, sendo, assim, não só um espaço mediador da Educomunicação na formação de intelectuais orgânicos, mas o espaço de gestação da proposta educomunicativa.

Tendo como ponto de partida a leitura crítica e a comunicação popular, o SEPAC seguiu sua vocação de educar para a comunicação e se consolida como um centro de formação continuada voltado à Educomunicação na Pastoral, a partir do espaço não formal. Capacita para o conhecimento integrado entre teoria e prática, o que confere ao interlocutor a competência na reflexão para busca de estratégias de ação e intervenção na sociedade.

Educomunicação na pastoral: caminhos e perspectivas

A análise da pesquisa e relatos levam a afirmar que o SEPAC contribuiu para criar uma Educomunicação na Pastoral, ou uma PASCOM educomunicativa, na formação continuada em relação às origens da formação do conceito e à visão do processo comunicacional, não apenas na apropriação das tecnologias, mas na construção de práticas embasadas na reflexão.

Os depoimentos de Soares permitem afirmar que a Educomunicação encontra seu espaço e embrião no trabalho de capacitação de agentes pastorais no método da reflexão e da prática, realizado inicialmente em escolas católicas e depois aplicado às escolas públicas. Pode-se afirmar que o SEPAC se consolida como um projeto educomunicativo pela metodologia adotada em seus cursos, pela produção de conhecimento no campo da reflexão e das práticas comunicativas, com novas linguagens no campo da pastoral. Permanece, entretanto, no contexto da comunicação midiática e suas implicações, o desafio de contribuir para superar a tendência do uso instrumental da comunicação por parte dos agentes de pastoral, tendo em vista mais os resultados e as tecnologias que o processo e a participação.

Essa contribuição aplica o conceito para o âmbito da Pastoral da comunicação, ajudando a Igreja a dialogar com a cultura, a adotar novas linguagens, a ser dinâmica no contexto da cultura digital, recuperando o modelo de comunicação dialógica e participativa, característica da comunicação popular e da cultura digital. Para Puntel

O SEPAC ajuda a Igreja a perceber, como uma sementinha, que seus métodos pastorais não podem mais ser como os tradicionais, porque está recebendo pessoas de novas gerações. Requer que a Igreja se renove e renove seus métodos; por exemplo, na catequese, é preciso renovar a linguagem porque, se não vincula com a cotidianidade das pessoas, ela não consegue conversar (entrevista em: 06/06/2014).

No "Diretório de Comunicação da Igreja no Brasil", o capítulo dedicado à educação para a comunicação traz, em sua linguagem, a referência do diálogo, por diversas vezes, e recomenda adotar a metodologia da Educomunicação, a prática educomunicativa (CNBB 99, 2014, p. 168-182), deixando o campo aberto para o trabalho da Educomunicação na pastoral. A formação para a comunicação no processo dialógico e participativo, como referendado no próprio documento, será um desafio para que a formação pastoral siga esses princípios educomunicativos. A Igreja orienta: a "Pastoral da Comunicação precisa ser priorizada nos planos de ação da Igreja, em todas as suas instâncias" (CNBB, 99, 2014, p. 13), entendendo aqui a interface da comunicação com todas as atividades pastorais, e reafirma: "O Diretório entende a Pastoral da Comunicação como um processo dinâmico, dialógico, interativo e multidirecional" (CNBB, 99, 2014, p. 14).

Na análise, sobretudo, das monografias, pode-se afirmar que a experiência no SEPAC organiza a formação de tal modo que o agente pastoral ou cultural passa a analisar e sistematizar as próprias práticas ou da comunidade, teorizando sobre elas, por meio de uma pesquisa de campo, com o aporte das novas linguagens, que possibilitam intervenções na sociedade no campo da comunicação.

Estas pesquisas trazem uma contribuição para a diversidade de aplicações que envolvem a Educomunicação, sobretudo, o novo sujeito na cultura digital e o desafio da comunicação continuada para os docentes e lideranças pastorais. A inter-relação ou interface da comunicação com as pastorais nas diversas áreas aparecem na análise das monografias e das produções da mídia, como impresso, rádio, cinema, televisão, Internet, e são outra vertente de diálogo com a sociedade.

No eixo da reflexão e da atuação, a experiência no campo da formação pastoral a partir da comunicação, com adultos e jovens, aponta para o agente pastoral como um "intelectual orgânico" que reflete, organiza, prepara-se para ter voz, visibilidade, capacidade de ação e poder de agenda, no que diz respeito à Pastoral da Comunicação, pois, em sua maioria, são coordenadores na área da comunicação.

Inserido num contexto eclesial, o SEPAC também aponta para uma comunicação que se realiza onde prevalecem os valores humanos, cristãos e cidadãos em qualquer ambiente e situação, de forma presencial ou na comunicação mediada. Por isso, os princípios éticos, os valores do diálogo e da participação, do respeito à cultura, acompanham a reflexão, a atuação, a convivência e a espiritualidade. Reunidos estes componentes à reflexão e atuação, pode-se dizer que a Educomunicação pastoral se propõe ser um estilo de vida, um modo de ser na comunicação, um ambiente favorável a ela em qualquer lugar ou situação.

Além do demonstrado nesta pesquisa, há uma contribuição de Paulinas e do SEPAC no apoio e na articulação da comunicação na CNBB, mediante a assessoria de religiosas que se sucederam, desde 1978, na organização da Pastoral da Comunicação no Brasil. Além das que trabalharam na assessoria, a Equipe de Reflexão para a Comunicação da CNBB contou com a presença de religiosas convidadas na qualidade de especialistas no campo da comunicação e evangelização.[3] Referindo-se a elas, Soares diz que há um

> testemunho de fidelidade às razões filosóficas, teológicas e pastorais que estiveram na origem da criação do SEPAC. Uma fidelidade que certamente está fazendo a Igreja Católica do Brasil rediscutir suas opções por maneiras de fazer e de se relacionar com a cultura midiática. É o que se vislumbra no texto do estudo que o Setor de Comunicação da CNBB acaba de finalizar e já obteve uma simpática aprovação por parte da presidência da entidade. Tenho certeza de que muito do que ali está escrito é fruto do testemunho de fidelidade do SEPAC e uma perspectiva renovada de ver e viver a comunicação (SILVA, 2010, p. 182).[4]

Realizações e conquistas são resultado de um percurso de reflexão das práticas, aprofundamento e explicitação de conceitos da comunicação com a finalização e aprovação do Diretório de Comunicação da Igreja no Brasil (2014).[5] A comissão de comunicação também elabora projetos de formação e capacitação que envolvem a articulação e a

---

[3] O projeto "Igreja e Comunicação rumo ao novo milênio", cujas reflexões foram publicadas nos Estudos da CNBB, n. 75, e que culminou com a Assembleia dos Bispos sobre Comunicação, em 1997, contou com a presença de Natália Maccari, Maria Alba Vega Garcia e Helena Corazza.

[4] Desse trabalho participaram Joana T. Puntel, Helena Corazza e Ismar de Oliveira Soares (Estudos da CNBB, n. 101, 2011; Diretório da Comunicação da Igreja no Brasil, Documentos, n. 99, 2014).

[5] A elaboração do Diretório foi coordenada por Ir. Élide M. Fogolari, religiosa paulina, assessora da Comissão para a Comunicação da CNBB, de 10 de julho de 2007 aos dias atuais. Ela iniciou, com a equipe, os cursos sistemáticos no SEPAC, em 1990, e voltou a trabalhar no projeto no

organização da PASCOM nos Regionais[6] da CNBB, cursos e encontros nacionais e eventos, organizações católicas de comunicação, a interface comunicação e catequese e o projeto "Educomunicação: uma abordagem teórico-prática" (CNBB, 2012, p. 226). Estes projetos adotam a mesma linguagem do SEPAC, o que nos leva a afirmar que ele contribui não só para a formação de agentes pastorais em seus cursos, mas também na assessoria e como referência em projetos nacionais. Esta sistematização aponta para a Educomunicação existente e a ser potencializada no campo da pastoral, tornando-se o agente da PASCOM um intelectual orgânico que desencadeia processos educomunicativos.

Tendo em conta os pressupostos da Educomunicação e a partir da experiência de formação de agentes pastorais e culturais no SEPAC, entende-se que a Educomunicação pastoral envolve um processo de comunicação integrada que tem a pessoa como sujeito que participa, partilha, desenvolve a reflexão e produção de práticas culturais em diferentes linguagens, ações de intervenção na comunidade e na sociedade, com princípios éticos, contribuindo para estabelecer políticas no interior da comunidade e no diálogo com as realidades da comunicação. A Educomunicação torna-se um modo de ser e de atuar, um estilo de vida.

---

ano 2000; por isso, observa-se a sua influência em projetos adotados pela Conferência dos Bispos.

[6] A Igreja do Brasil se organiza em Regionais, hoje são 18, que correspondem a microrregiões com um ou mais estados, onde estão as Dioceses, coordenações regionais que implementam as políticas nacionais nas diversas áreas de ação, inclusive da Pastoral da Comunicação. As assessorias da CNBB trabalham com esses regionais. Disponível em: <http://www.cnbb.org.br/regionais>. Acesso em: 22/07/2014.

Considerações finais

A Educomunicação é uma proposta integrada que reúne elementos da comunicação e da educação no eixo da comunicação. Em outras palavras, nesta obra, a reflexão orienta-se por um olhar comunicacional que se apoia em pesquisadores e traz propostas para a formação no campo educativo e pastoral. Uma educação para a comunicação aberta ao diálogo com as pastorais e a área educativa, que trabalha nas interfaces ou inter-relações.

A temática da Educomunicação, para alguns, pode parecer um "neologismo", entretanto, é uma política ou um modo de ser e atuar que objetiva a comunicação baseada na reflexão e em práticas comprometidas com a promoção humana e a cidadania, adotando linguagens que envolvem as diferentes formas e saberes, de forma presencial ou com a mediação de tecnologias. Por isso, ao adotar a Educomunicação no campo da pastoral, quer-se evidenciar a necessidade de uma comunicação consciente, que respeite o processo dialógico e participativo e receba o devido cuidado em todas as expressões.

A Educomunicação na pastoral é compreendida no contexto das mediações culturais em que a tecnologia possibilita novas linguagens e novos hábitos cotidianos no acesso ao conhecimento, que desafiam o campo pastoral e a ação evangelizadora. A hegemonia do livro e da mídia impressa durante séculos, seguindo uma lógica linear, agora convive com outras linguagens mediadas pelas tecnologias audiovisuais e digitais, na lógica não linear. Daí a ênfase nas linguagens, entendidas como novas formas de expressão e não apenas técnicas.

Igualmente importante é conhecer o pensamento da Igreja Católica, nos documentos sobre comunicação e pesquisas da área eclesial, que aprofundam alguns aspectos, sobretudo na cultura digital. Neles se constata uma evolução crescente na assunção de conceitos e valores que se expressam na ética, na formação para a produção e recepção dos produtos da mídia, do livro ao digital. Os interlocutores, muitas vezes chamados de "destinatários", fazem parte da preocupação expressa nesses documentos, que recomendam uma postura crítica diante de tudo o que está disponível nas mídias em seus diferentes formatos e suportes.

Um aspecto a ser destacado na formação para a comunicação é a capacidade de unir reflexão e produção mediante metodologia teórico-prática participativa, que também tenha em conta a convivência e o atuar juntos. A apropriação do conhecimento teórico-prático possibilita o diálogo com a sociedade numa cultura em mudanças. Se na mídia de massa a produção estava nas mãos de poucos ou apenas de profissionais, na era digital, o polo do emissor está liberado, possibilitando a muitos serem produtores de conteúdo e interferirem nos processos sociais e na disseminação de informações. Estes conteúdos, produzidos por muitas pessoas em diferentes contextos, tornam-se narrativas de realidades anônimas ou ignoradas por grandes meios de comunicação e se colocam como visão alternativa. Daí a necessidade da educação para a comunicação, que possibilita uma formação integral para *ser* e *atuar* na sociedade contemporânea.

A questão do sujeito também é fundamental na Educomunicação. O ser humano, em sua atuação no contexto social, educativo, religioso ou familiar, é alguém que vive e promove processos de comunicação com si mesmo, entre as pessoas e grupos. O sujeito torna-se uma liderança que trabalha a comunicação na visão integrada, tendo em conta a si mesmo, o ambiente e os relacionamentos com o outro, as coisas e com a sociedade, bem como a atuação no campo da comunicação social. É alguém que articula e promove processos de intervenção em vista da mudança.

O resultado da apropriação do conhecimento, ou *empoderamento*, se dá na interface da comunicação com as diferentes áreas do conhecimento pastoral, educacional ou na análise dos produtos da mídia. Esta apropriação nas interfaces é devida à metodologia teórico-prática em que se articulam o pensar e o produzir, favorecendo um novo modo de conceber a comunicação e, ao mesmo tempo, um ambiente favorável de convivência em que se discute e realiza o processo de produção nas diferentes linguagens e expressões da mídia para um resultado coletivo. Esse processo possibilita uma experiência que marca o modo de ser e produzir comunicação.

Na experiência do SEPAC, quem procura capacitação é um mediador do espaço pastoral, portanto, uma liderança potencial que multiplica o conhecimento e a atuação na sociedade, o que foi confirmado na continuidade dos trabalhos e na sua atuação nos espaços de intervenção na pastoral da comunicação, em jornais, rádios, televisão, Internet e no espaço educativo.

De um centro de comunicação popular, na continuidade de sua atuação, mesmo sem teorizá-la, a Educomunicação está na raiz da experiência teórica e prática do SEPAC, tornando-se referência. A partir dessa experiência, pode-se afirmar que a Educomunicação é o novo nome da comunicação comprometida com valores da cidadania, realizada de forma participativa, que trabalha a partir do sujeito, despertando nele o potencial para que tenha ações de intervenção na sociedade. Dessa forma, a liderança pastoral ou educativa não é apenas um "gestor" da comunicação, mas um "intelectual orgânico" que faz a mediação do conhecimento e articula o pensar e o atuar na comunidade em projetos concretos.

Sintetizando, é possível afirmar que o SEPAC atua em alguns eixos, não compartimentados, que interagem entre si com fronteiras permeáveis: o eixo da reflexão, na qual se insere a produção de conhecimento com publicações e monografias dos Cursos de Especialização; o eixo da produção que envolve uma metodologia teórico-prática com novas linguagens, estabelecendo pontes entre o pensar e o atuar, o que possibilita concretizar os processos de intervenção; a interface com outras áreas do conhecimento, tendo como eixo a comunicação; a questão do sujeito que pensa, produz, negocia sentidos e intervém, caracterizado aqui como "intelectual orgânico".

O SEPAC trabalha a educação para a comunicação no processo relacional, a partir da cultura, tendo em conta a visão antropológica, a reflexão e a produção em chave comunicacional. O pensar e o atuar estão embasados em valores como a ética, a participação, o diálogo, trabalhando o potencial das pessoas em vista de seu crescimento pessoal e social. Um dos desafios é continuar trabalhando a Educomunicação nas pastorais, de modo que o pensamento comunicacional seja assumido nas práticas com todas as pastorais.

Permanece também um desafio quanto à reeducação para o processo participativo e dialógico no contexto da cultura digital, um dos valores da comunicação popular e alternativa que a Educomunicação assume em sua gênese. A interatividade própria da cultura digital se expressa tantas vezes também sem a dimensão coletiva, da comunidade e da colaboração, prevalecendo a autorreferência, uma característica visível e crescente.

Por meio das reflexões abordadas neste livro, bem como da experiência de trabalhar a formação para a comunicação com lideranças das pastorais e educativas, em sua maioria de adultos e jovens, portadores de formação em alguma área de conhecimento e de projetos relativos à comunicação para suas comunidades e instituições, e considerando o caminho explicitado, pode-se afirmar que a Educomunicação é ou deveria ser um *estilo de vida*. A partir do momento em que a pessoa assume a comunicação como mediação cultural na reflexão, nas práticas e na convivência, ela se torna um modo de ser, de pensar e de atuar no seu cotidiano, na postura pessoal, nos ambientes ou na atuação junto à mídia.

Referências

ADORNO, Theodor W. *Educação e emancipação*. São Paulo: Ed. Paz e Terra, 2006.

AGAMBEN, Giorgio. *O que é contemporâneo e outros ensaios*. Chapecó/SC: ARGOS, 2013.

ALBERIONE, Giacomo. *UCBS*, a. 8, 20 de agosto de 1926, p. 3-4. In: *La primavera paolina*. Roma: Edizioni Paoline, 1983. p. 680.

_____. Explicação das Constituições. Ariccia, 15 de maio a 6 de julho de 1961. São Paulo: Paulinas, 1968.

ALMEIDA, Maria do Carmo Souza de. *Prática educomunicativa com cinema na licenciatura*. Tese (Doutorado). São Paulo: ECA/USP, 2014.

BABIN, Pierre; ZUKOWSKI, Angela Ann. *Linguagem e cultura dos media*. Lisboa: Bertrand Editora, 1993.

_____. *Mídias, chance para o Evangelho*. São Paulo: Loyola, 2005.

_____. *Os novos modos de compreender a geração do audiovisual e do computador*. São Paulo: Paulinas, 1989.

_____; KOULOUMDJIAN, M. F. *A era da comunicação*. São Paulo: Paulinas, 1989.

BARBOSA FILHO, André. *Gêneros radiofônicos*: os formatos e os programas em áudio. São Paulo: Paulinas, 2003.

BARBOZA, Rosa Maria. *Processo de negociação entre população ribeirinha e empresa hidrelétrica*. Monografia PUC-SP (COGEAE)/SEPAC. São Paulo, 2006.

BATISTA, Rodrigo Rios. *A busca dos jovens católicos pelo "cibersacro"*: um estudo de caso do site www.grupohallel.com. Monografia PUC-SP (COGEAE)/SEPAC. São Paulo, 2008.

BELTRÁN, Luis Ramiro. Adeus a Aristóteles: comunicação horizontal. *Revista Comunicação e Sociedade*, São Bernardo do Campo, Metodista, n. 6, p. 5-35, 1981.

BENJAMIN, Walter. *Rua de mão única*. Obras escolhidas II. 6. ed. revista. São Paulo: Brasiliense, 2012.

BEOZZO, J. Oscar. Apresentação. In: BAGGIOLI, Massimo. *Vaticano II: a luta pelo sentido*. São Paulo: Paulinas, 2013. p. 9-20.

BOFF, Leonardo. *Saber cuidar*: ética do humano – compaixão da terra. Petrópolis: Vozes, 1999.

BOLLE, Willi. A ideia da formação na modernidade. In: GHIRARDELLI Jr., Paulo (Org.). *Infância, escola e modernidade*. São Paulo: Ed. Cortez, 1997. p. 9-32.

BRITTO, Rovilson Robbi. *Cibercultura sob o olhar dos estudos culturais*. São Paulo: Paulinas/SEPAC, 2009.

CANCLINI, Nestor Garcia. *Consumidores y ciudadanos*: conflictos multiculturales de la globalización. México: Grijalbo, 1995.

CASTELLS, Manuel. *A galáxia da internet*: reflexões sobre a internet, os negócios e a sociedade. Rio de Janeiro: Zahar, 2001.

CELAM. A Comunicação Social nos documentos da Igreja na América Latina. In: DARIVA, Noemi (Org.). *A evangelização no presente e no futuro da América Latina*. Conclusões da Conferência de Puebla. Texto oficial. 12. ed. São Paulo: Paulinas, 1979.

_____. *Comunicação: missão e desafio*. São Paulo: Edições Paulinas, 1988.

_____. *Comunicação Social na Igreja*: documentos fundamentais. São Paulo: Paulinas, 2003. p. 484-511.

_____. *Conclusões de Medellín*. 6. ed. São Paulo: Edições Paulinas, 1987.

_____. *Documento de Aparecida*. Texto conclusivo da V Conferência Geral do Episcopado Latino-Americano e do Caribe. São Paulo: CNBB/Paulus/ Paulinas, 2007.

_____. *Nova Evangelização, promoção humana, cultura cristã*. Conclusões da IV Conferência do Episcopado Latino-Americano. Santo Domingo. Texto Oficial. São Paulo: Paulinas, 1992.

CHARTIER, Roger. *A ordem dos livros*. Brasília: Ed. UnB, 1998.

CITELLI, Adilson et alii (Org.). *Comunicação e educação*: a linguagem em movimento. São Paulo: SENAC, 1999.

_____. Comunicação e linguagem: diálogos, trânsitos e interditos. In: *Matrizes*: Revista do Programa de Pós-graduação em Ciências da Comunicação da Universidade de São Paulo, ano 2, n. 1, p. 13-30, segundo semestre de 2008.

_____. *Dicionário de Comunicação*: escolas, teorias, autores. São Paulo: Contexto, 2014.

_____. Adilson; COSTA, Maria Cristina C. (Org.). *Educomunicação, construindo uma nova área de conhecimento*. São Paulo: Paulinas, 2011.

_____. *Palavras, meios de comunicação e educação*. São Paulo: Cortez, 2006.

CNBB. A comunicação na vida e missão da Igreja no Brasil. *Estudos da CNBB*, n. 101, São Paulo: Paulus, 2011.

_____. A Igreja e a questão agrária brasileira no início do século XXI. *Documentos da CNBB*, n. 101, São Paulo: Paulinas, 2014c.

_____. Comunicação e Igreja no Brasil. *Estudos da CNBB*, n. 72, São Paulo: Paulus, 1994.

_____. Diretório de Comunicação da Igreja no Brasil. *Documentos da CNBB*, n. 99, São Paulo: Paulinas, 2014a.

_____. Comunidade de comunidades: uma nova paróquia. *Documentos da CNBB*, n. 100, São Paulo: Paulinas, 2014b.

_____. Diretrizes Gerais da Ação Evangelizadora da Igreja no Brasil – 1995-1998. *Documentos da CNBB*, n. 54, São Paulo: Paulinas, 1995.

_____. Equipe de Reflexão do Setor de Comunicação Social da CNBB. *Educação para a comunicação* nos Institutos de Filosofia e Teologia dos futuros presbíteros da Igreja no Brasil. São Paulo: Paulinas/SEPAC, 2001.

_____. Igreja e comunicação rumo ao novo milênio: conclusões e compromissos. *Documentos da CNBB*, n. 59, São Paulo: Paulinas, 1997.

_____. Igreja e comunicação rumo ao novo milênio. *Estudos da CNBB*, n. 75, São Paulo: Paulus, 1997.

_____. 2º Plano Pastoral do secretariado geral 2012-2015. *Documentos da CNBB*, n. 95, São Paulo: Paulinas, 2012.

CONCÍLIO ECUMÊNICO Vaticano II. *Constituciones, Decretos, Declaraciones*. 2. ed. Madrid: BAC: 2000,

CONCÍLIO ECUMÊNICO Vaticano II. *Inter Mirifica*: Decreto do Concílio Vaticano II sobre os meios de comunicação social. 3. ed. São Paulo: Paulinas, 2001. Coleção Voz do Papa, n. 27.

CORAZZA, Helena. Educom no documento sobre comunicação da CNBB. Processo, formação, rede de relações. *Ciberteologia*: Revista de Teologia & Cultura, n. 38, ano VIII, abr./maio/jun. 2012. Disponível em: <http://ciberteologia.paulinas.org.br/ciberteologia/wp-content/uploads/downloads/2012/03/03-Educom.pdf>. Acesso em: 09/06/2014.

_____. Formação para o Rádio: SEPAC. In: PINHEIRO, José Ernane (Coord.). *Formação dos cristãos leigos*. São Paulo: Paulinas, 1995. p. 171-177.

_____. SEPAC: formação para produção e recepção do vídeo pastoral. In: BARROS, J. T. (org.). Imagens da América Latina. São Paulo: Edições Loyola/OCIC-Brasil, 1997. p. 105-112.

CPMCS (Comissão Pontifícia dos Meios de Comunicação Social). *Instrução Pastoral* Communio et progressio *sobre os meios de comunicação social*. 3. ed. São Paulo: Paulinas, 2000. Coleção Voz do Papa, n. 69.

CRITELLI, Dulce. Martin Heidegger e a essência da técnica. *Margem*, São Paulo, p. 83-89, dezembro 2002. Disponível em: <http://www.pucsp.br/margem/pdf/m16dc.pdf>. Acesso em: 23/10/2014.

DECOS/CELAM. *Comunicación, misión y desafío:* manual de Pastoral de la Comunicación. CELAM: Santafé de Bogotá. 1997.

DEL BIANCO, Nelia R. O tambor tribal de McLuhan. In: MEDITSCH, Eduardo. *Teorias do Rádio*: textos e contextos. Florianópolis: Insular, 2005. vol 1, p. 153-162.

DI FELICE, Massimo (Org.). *Do público para as redes*: a comunicação digital e as novas formas de participação social. São Paulo: Difusão Editora, 2008.

_____; PIREDDU, Mario (Org.). *Pós-humanismo. As relações entre o humano e a técnica na época das redes*. São Caetano do Sul: Difusão Editora, 2010.

FERRÉS, Joan. *Vídeo e educação*. Porto Alegre: Artes Médicas, 1996.

FRANCISCO. Exortação Apostólica *Evangelli Gaudium*: a alegria do Evangelho. São Paulo: Paulinas, 2013. Coleção Voz do Papa, n. 198.

_____. Carta encíclica *Laudato Si'*: sobre o cuidado da casa comum. São Paulo: Paulinas, 2015. Coleção Voz do Papa, n. 201.

FREIRE, Paulo. *Educação & Atualidade brasileira*. 2. ed. São Paulo: Cortez/ Instituto Paulo Freire, 2002.

_____. *Pedagogia da autonomia*. 7. ed. Rio de Janeiro: Paz e Terra, 1996.

_____. *Extensão ou comunicação?* 6. ed. Rio de Janeiro: Paz e Terra, 1982.

_____. *Educação como prática da liberdade*. Rio de Janeiro: Paz e Terra, 1967.

GASPARETTO, Paulo R. *Midiatização da religião*: processos midiáticos e a construção de novas comunidades de pertencimento. São Paulo: Paulinas, 2011.

GIRALDI, Paulo. *Igreja virtual*: comunicar para transcender. Brasília: CAPES/ Unesp, 2014.

GOMES, Ana L. Zaniboni. *Quem fala com o povo*: caminhos da radiodifusão comunitária na cidade de São Paulo. Tese (Doutorado). Escola de Comunicações e Artes, Universidade de São Paulo, 2014. 250 fls.

GOMES, Pedro Gilberto. *A comunicação cristã em tempos de repressão*. São Leopoldo, RS: Editora Unisinos, 1995.

GRAMSCI, Antonio. *Os intelectuais e a organização da sociedade*. 5. ed. Rio de Janeiro: Civilização Brasileira, 1985.

HALL, Stuart. *A identidade cultural na pós-modernidade*. Rio de Janeiro: DP&A Editora, 1999.

HOROCHOVSKI, R. R.; MEIRELLES, G. Problematizando o conceito de empoderamento. In: *Movimentos Sociais, Participação e Democracia*. Florianópolis, 2007. Disponível em: <http://www.sociologia.ufsc.br/npms/ rodrigo_horochovski_meirelles.pdf>. Acesso em: 18/07/2014.

IV EPLA (Encuentro Paulino Latinoamericano). Ciudad del México, julio, 1982. Uso manuscrito.

JACQUINOT, Geneviève. *O que é um Educomunicador?* O papel da comunicação na formação dos professores. I Congresso Internacional da Comunicação e Educação. São Paulo, maio 1997. Disponível em: <http://www. usp.br/nce/aeducomunicacao/saibamais/textos>. Acesso em: 12/03/2014.

JOÃO PAULO II. *Carta do Papa João Paulo II aos artistas*. São Paulo: Paulinas, 1999. Coleção Voz do Papa, n. 167.

_____. *Rápido desenvolvimento*: aos responsáveis pelas comunicações sociais. São Paulo: Paulinas, 2005. Coleção Voz do Papa, n. 188.

JOHNSON, Steven. *Cultura da interface*: como o computador pode transformar nossa maneira de criar e comunicar. Rio de Janeiro: Zahar, 1997.

KAPLÚN, Gabriel. Kaplún, intelectual orgânico: memória afetiva. In: MELO, José Marques de et alii (Org.). *Educomídia, alavanca da cidadania*. São Bernardo do Campo: Cátedra Unesco/Universidade Metodista de São Paulo, 2006. p. 35-46.

KAPLÚN, Mário. Processos educativos e canais de comunicação. In: CITELLI, Adilson; COSTA, Maria Cristina Castilho (Org.). *Educomunicação, construindo uma nova área de conhecimento.* São Paulo: Paulinas, 2011. p. 175-186.

KERCKHOVE, D. *A pele da cultura.* Lisboa: Relógio D'Agua, 1997.

KUNSCH, Waldemar Luiz. *O Verbo se faz palavra:* caminhos da comunicação eclesial católica. São Paulo: Paulinas, 2001.

LATOUR, Bruno. *Reagregando o Social:* uma introdução à teoria do Ator-Rede. Salvador-Bauru: EDUFBA-EDUSC, 2012.

LEMOS, André. *A comunicação das coisas:* teoria do ator-rede e cibercultura. São Paulo: Annablume, 2013.

_____. *Cibercultura: tecnologia e vida social na cultura contemporânea.* Porto Alegre: Sulina, 2002.

LIBANIO, J. B. *Formação da consciência crítica.* 1. Subsídios filosófico-culturais. Petrópolis: Vozes/CRB, 1978.

_____. *A consciência crítica do religioso.* Rio de Janeiro: CRB, 1974.

LOPES, Maria Immacolata Vassallo de. *Pesquisa em Comunicação.* São Paulo: Loyola, 2005.

LUYTEN, Sonia M. Bibe (Org.). *Histórias em Quadrinhos, leitura crítica.* SEPAC/EP, 1984.

MARTÍN-BARBERO, Jesús. *A comunicação na educação.* São Paulo: Contexto, 2014.

_____. Desafios culturais: da comunicação à Educomunicação. In: CITELLI, Adilson; COSTA, M. Cristina (Org.). São Paulo: Paulinas, 2011. p. 121-134.

_____. *La educación desde la comunicación.* Buenos Aires: Grupo Editorial Norma, 2002.

_____. *Pre-textos.* Calli: Centro Edit. Universidade del Valle, 1995.

_____. *De los medios a las mediaciones:* comunicación, cultura y hegemonía. Barcelona: Gilli, 1987.

_____; REY, German. *Os exercícios do ver:* hegemonia audiovisual e ficção televisiva. São Paulo: SENAC, 1999.

MARX, Karl; ENGELS, Friedrich. *A ideologia alemã.* 2. ed. São Paulo: Livraria Editora Ciências Humanas Ltda., 1979.

MCLUHAN M. *McLuhan por McLuhan:* entrevistas e conferências inéditas do profeta da globalização. Rio de Janeiro: Ediouro, 2005.

MELO, José Marques de. *Comunicação eclesial:* utopia e realidade. São Paulo: Paulinas, 2005.

_____. Igreja e comunicação. In: SOARES, I. O.; PUNTEL, J. T. (Org.). *Comunicação, Igreja e Estado na América Latina.* São Paulo: Paulinas/UCBC, 1985. pp. 59-70.

_____. *Para uma leitura crítica da comunicação*. São Paulo: Paulinas, 1985.

MELO, Leandro Marques de. *VMS TC??? Internetês: prática conversacional na WEB*. Monografia PUC-SP (COGEAE)/SEPAC. São Paulo, 2010.

MENDES, Gildásio. *Geração Net*: relacionamento, espiritualidade, vida profissional. São Paulo: Paulinas, 2012.

MONDIN, Batista. *O homem, quem é ele?* Elementos de antropologia filosófica. São Paulo: Paulus, 1980.

MORAIS, Soraia Cristina de. *EDUCOMUNICAÇÃO: As ondas do rádio sintonizado escola e comunidade sob a perspectiva da participação e mudança de conceitos*. Monografia PUC-SP (COGEAE)/SEPAC. São Paulo, 2005.

MORAN, José Manoel. *Leitura dos meios de comunicação*. São Paulo: Ed. Pancast, 1993.

MOREIRA, Antonio Carlos. *Comunicação interpessoal*. São Paulo: SEPAC--EP, 1991.

MORIN, Edgar. *A cabeça bem-feita*: repensar a reforma e repensar o pensamento. Rio de Janeiro: Bertrand Brasil, 2000a.

_____. Ética do sujeito responsável. In: CARVALHO, Edgard de Assis (Org.). *Ética, solidariedade e complexidade*. São Paulo: Palas Athena, 2000b. p. 65-77.

NEOTTI, Clarêncio (Coord.). *Comunicação e consciência crítica*. São Paulo: Loyola, 1979.

NETO, Grimário Reis. *Imaginário & Mídia: análise do programa "Rádio Atitude" da FM Vale do Xingu em Altamira – Pará*. Monografia PUC-SP (COGEAE)/SEPAC. São Paulo, 2007.

PAULO VI. *Exortação apostólica sobre a evangelização no mundo contemporâneo* Evangelii Nuntiandi. 11. ed. São Paulo: Edições Paulinas, 1976.

PCCS. *Instrução Pastoral "Aetatis Novae" no vigésimo aniversário da "Communio et Progressio"*: uma revolução nas comunicações. São Paulo: Paulinas, 1992. Coleção Voz do Papa, n. 127.

_____. Igreja e internet. *Documentos da Igreja*, n. 6. São Paulo: Paulinas, 2002.

_____. Ética na internet. *Documentos da Igreja*, n. 7. São Paulo: Paulinas, 2002.

_____. *Ética nas comunicações sociais*. São Paulo: Paulinas, 200. Coleção Voz do Papa, n. 176.

_____. *Ética da publicidade*. São Paulo: Paulinas, 1997. Coleção Voz do Papa, n. 153.

PEREIRA, Antonia Alves. *A Educomunicação e a cultura escolar salesiana*. Dissertação de Mestrado, Escola de Comunicações e Artes, USP, 2012.

PERUZZO, Cicília M. K. *Comunicação Comunitária e Educação para a Cidadania*. Disponível em: <http://www2.metodista.br/unesco/PCLA/revista13/artigos%2013-3.htm>. Acesso em: 24/04/2014.

_____. Radio comunitaria, educomunicación y desarrollo social. *Revista Contratexto Digital*, Universidade de Lima, ano 4, n. 5, 2007. Disponível em: <http://www3.ulima.edu.pe/Revistas/contratexto/pdf/07.pdf>. Acesso em: 24/04/2014.

PINHEIRO, Rose Maria. *Educomunicação nos centros de pesquisa do país:* um mapeamento da produção acadêmica com ênfase à contribuição da ECA/USP na construção do campo. Tese de Doutorado. São Paulo: ECA/USP, 2013.

PIO XII. *Miranda Prorsus.* Carta Encíclica de sua Santidade o Papa Pio XII sobre Cinematografia, Rádio e Televisão. São Paulo: Edições Paulinas, 1966. Coleção Voz do Papa, n. 18.

PRATA, Nair. *Webradio: novos gêneros, novos formatos, novas formas de interação.* Florianópolis: Insular, 2012.

PUNTEL Joana T. *A Igreja e a democratização da comunicação.* São Paulo: Paulinas, 1994.

_____. *Comunicação: diálogo dos saberes na cultura midiática.* São Paulo: Paulinas, 2010.

_____. *Cultura midiática e Igreja.* Uma nova ambiência. São Paulo: Paulinas, 2005.

_____. *Inter Mirifica.* Texto e comentário. São Paulo: Paulinas, 2012.

_____. NOMIC: as nações não alinhadas e a Nova Ordem Mundial da Informação e da Comunicação. In: *A Igreja e a democratização da comunicação.* São Paulo: Paulinas, 1994. p. 293-310.

_____; CORAZZA, Helena. *Pastoral da Comunicação*: diálogo entre fé e cultura. São Paulo: Paulinas, 2007.

RECUERO, Raquel. *A conversação na rede*: comunicação mediada pelo computador e redes sociais na Internet. Porto Alegre: Sulina, 2012.

RODRIGUES, Mayra; SOARES, Rosana de Lima. Sobre a confluência das linguagens nas mídias digitais. *Cibercultura*: Revista da USP, p. 41-53, junho/julho/agosto 2010.

SANTAELLA, Lúcia. *Comunicação ubíqua*: repressões na cultura e na educação. São Paulo: Paulus, 2013.

SBARDELOTTO, Moisés. *E o Verbo se fez bit*: a comunicação e a experiência religiosa na internet. Aparecida, SP: Ed. Santuário, 2012.

SCHWINGEL, Carla. *Mídias digitais*: produção de conteúdo para a web. São Paulo: Paulinas, 2012.

SILVA, Fábio Gleiser Vieira. *A Igreja Católica e a comunicação na sociedade midiatizada: formação e competência.* (Dissertação de Mestrado). São Paulo: Faculdade Cásper Líbero, 2010.

_____. Fábio Gleiser Vieira. *O jovem e o fenômeno religioso na pós-modernidade: a migração entre igreja – um estudo de caso em Palmas - TO.* Monografia PUC-SP (COGEAE)/SEPAC. São Paulo, 2007.

SILVA FILHO, Genésio Zeferino da. *Educomunicação e sua metodologia.* Um estudo a partir de práticas de ONGs no Brasil. Tese (Doutorado em Ciências da Comunicação – Escola de Comunicações e Artes, Universidade de São Paulo). São Paulo, 2004.

SILVERSTONE, Roger. *Por que estudar a mídia?* São Paulo: Loyola, 2002.

SOARES, Ismar de Oliveira. A Educomunicação na América Latina: apontamentos para uma história em construção. In: APARICI, R. *Educomunicação*: para além do 2.0. São Paulo: Paulinas, 2014. pp. 7-27.

_____. *Do Santo Ofício à libertação.* São Paulo: Edições Paulinas, 1988.

_____. *Educomunicação: o conceito, o profissional, a aplicação*: contribuições para a Reforma do Ensino Médio. São Paulo: Paulinas, 2011.

_____. Quando o Educador do Ano é um educomunicador: o papel da USP na legitimação do conceito. *Comunicação & educação*, ano XIII, n. 3, p. 39-52, set./dez. 2008.

_____. Comunicação/Educação: a emergência de um novo campo e o perfil de seus profissionais. *Contato: Revista brasileira de Comunicação, Arte e Educação*, Brasília, ano 1, n. 2, p. 19-74, jan./mar. 1999.

_____. (Coord.). *Como organizar a Pastoral da Comunicação.* São Paulo: SEPAC/EP/UCBC, 1989.

_____. *Para uma leitura crítica da publicidade.* São Paulo: SEPAC/EP, 1988.

_____. SEPAC, jovem para além dos 30! *Revista Paulinas*, ano 12, n. 47, p. 6, jun. 2013.

_____. (Org.). *Para uma leitura crítica dos jornais.* São Paulo: SEPAC/EP, 1984.

SODRÉ, Muniz. *Reinventando a educação*: diversidade, descolonização e redes. Petrópolis: Vozes, 2012.

SOUSA, Mauro Wilton (Org.). *Sujeito, o lado oculto do receptor.* São Paulo: Brasiliense, 1995.

SPADARO, Antonio. *WEB 2.0. Redes Sociais.* São Paulo: Paulinas, 2013.

_____. *Ciberteologia*: pensar o cristianismo nos tempos da rede. São Paulo: Paulinas, 2012.

TEIXEIRA, Anísio. *Educação e o mundo moderno.* Rio de Janeiro: Ed. UFRJ, 2006.

THOMPSON, John B. *A mídia e a modernidade*: uma teoria social da mídia. Petrópolis: Vozes, 1998.

TILBURG, João Luis Van. *Para uma leitura crítica da televisão.* São Paulo: SEPAC/EP, 1984.

TRIVINHO, Eugênio. *A democracia cibercultural*: lógica da vida humana na civilização mediática avançada. São Paulo: Paulus, 2007.

UNESCO. *Alfabetização midiática e informacional*: currículo para formação de professores. Carolyn Wilson, Alton Grizzle, Ramon Tuazon, Kwame Akyempong e Chi-Kim Cheung. Brasília: UNESCO, UFTM, 2013.

VICENTE, Liene Dias. *A linguagem dos homens ao vento*: moradores de rua do centro de São Paulo. Monografia PUC-SP (COGEAE)/SEPAC. São Paulo, 2006.

VIGIL, José Ignacio López. *Manual urgente para radialistas apaixonados*. São Paulo: Paulinas, 2003.

_____. *A entrevista*: manuais de Comunicação 1. São Paulo: ALER-Brasil/IBASE/FASE/SEPAC-EP, 1987.

_____. *Audiodebate – Disco-Debate*: manuais de Comunicação 4. São Paulo: ALER-Brasil/IBASE/FASE/SEPAC-EP, 1987.

_____. *O riso na rádio popular*: manuais de comunicação 9. São Paulo: ALER-Brasil/IBASE/FASE/SEPAC-EP, 1990.

_____. *O sociodrama*: manuais de comunicação 8. São Paulo: ALER-Brasil/IBASE/FASE/SEPAC-EP, 1989.

Glossário

Análise crítica – Termo utilizado nos anos 1970-1980 para designar uma postura comprometida com a análise do sistema na sociedade, sobretudo dos produtos culturais da mídia com o método da Leitura Crítica da Comunicação.

Ciberteologia – *Ciber* está ligado à cibernética, aplica-se ao ciberespaço que tem relação com o mundo digital, envolvido por atividades eletrônicas, acesso à Internet, navegação em páginas digitais, redes sociais digitais. O prefixo *ciber* seguido da palavra teologia deu origem ao conceito de Ciberteologia, que se define como a inteligência da fé em tempos de Rede, ou seja, o discurso sobre Deus e sua relação com o ser humano e com o universo, à luz da lógica da Rede.

Comunicação popular – A comunicação popular representa uma forma alternativa de comunicação e tem sua origem nos movimentos populares dos anos de 1970 e 1980, no Brasil e na América Latina como um todo. O foco da comunicação popular é o processo de comunicação realizada de forma participativa, que emerge da ação dos grupos populares, com caráter coletivo e mobilizador como os movimentos e organizações populares, e pode ter expressões em publicações nas diferentes linguagens, sobretudo jornais e rádios.

Comunicação transformadora – Termo utilizado sobretudo nas décadas de 1960-1980 para designar uma comunicação popular e alternativa, originada de um processo participativo em que o ser humano fosse sujeito e transformasse as relações de dominação em participação.

Concílio Ecumênico Vaticano II (1962-1965) – Assembleia de bispos e cardeais do mundo inteiro, convocados pelo Papa João XXIII, para refletir e deliberar sobre questões importantes relativas à Igreja Católica e sua relação com o mundo. Foi o maior acontecimento da Igreja Católica no século XX. Dele participaram 2.500 bispos, peritos, auditores e observadores de outras confissões cristãs, totalizando 3.500 participantes.

Cristologia (*Cristo* + *logia*) – É o tratado da teologia cristã que estuda a pessoa, os ensinamentos e a obra de Jesus Cristo de forma sistemática e sistematizada. É a resposta dos crentes à pergunta "Quem é Jesus?". A Eclesiologia (*ekklesía* + *logia*) é a disciplina teológica que estuda a Igreja: sua origem, sua missão, seu modo de se relacionar com a sociedade, sua forma de governo.

Decreto – Diz respeito a setores da vida dos fiéis ou atividades da Igreja e sua missão, e traz orientações. Não são simples aplicações doutrinais. Por exemplo: Decreto do Concílio Vaticano II sobre os meios de comunicação social, *Inter Mirífica* (1963).

Departamento de Comunicação Social (DECOS) do CELAM (Conselho Episcopal Latino-Americano) – Instância que se dedica à comunicação na América Latina e Caribe, junto às Conferências Episcopais (www.celam.org).

Encíclica ou Carta Apostólica – Etimologicamente, a palavra foi empregada para designar "cartas circulares" e tem em vista a unidade doutrinal. As encíclicas pertencem ao gênero das "cartas apostólicas", distinguindo-se, porém, pela universalidade de seus destinatários. O texto oficial das encíclicas é publicado em latim nos *Acta Apostolicae Sedis* (Atos da Sé Apostólica). A mais recente é *Evangelii Gaudium* (A alegria do Evangelho) do Papa Francisco (2013).

PASCOM (Pastoral da Comunicação) – Expressão que nasce do conjunto de duas realidades que interagem reciprocamente: comunicação e pastoral. Sua missão é articular e animar a reflexão e ações nesse campo.

Pastoral – A palavra pastoral deriva de "pastor", que por sua vez está relacionada ao período nômade da história de Israel. O Salmo 23 (22) apresenta Deus como pastor que guia, salva e protege o seu povo. No Evangelho de João 10,11, Jesus é o Bom Pastor que dá a vida pelas suas ovelhas. A exemplo de Jesus, pastoral é toda a ação da Igreja no mundo, como povo de Deus, destinada a ser semente de vida nova em Cristo Jesus, relacionando os valores do Evangelho com as situações concretas e levando as pessoas a serem discípulas missionárias na vida cotidiana e a assumirem o projeto de Deus.

Pontifício Conselho para as Comunicações Sociais (PCCS) – Departamento do Vaticano responsável pelos assuntos ligados à comunicação. É presidido por um bispo, que assessora o Papa neste campo com uma assessoria internacional. Os documentos sobre comunicação publicados por este Conselho são assinados pelo presidente (www.pccs.it).

Povo – Deriva do termo latim *populus* e permite significados diversos: os habitantes de certa região, a população em geral e a classe simples de uma sociedade. Sem entrar na complexidade do conceito, no contexto da tese refere-se a pessoas que estão fora do sistema de comunicação, são comprometidas com uma causa, atuando nesse campo, que juntas buscam soluções para seus problemas. Em sentido teológico, a expressão povo de Deus designa o conjunto de pessoas unidas pela mesma crença em Deus Criador do gênero humano, que se revelou na história e, na plenitude dos tempos, enviou seu Filho Jesus, o Salvador, na força do Espírito Santo, o Santificador.

Presbítero – Expressão adotada para designar o que comumente se chama de padre ou sacerdote, que, na Igreja Católica Romana, faz parte da hierarquia: bispo, presbítero e diácono.

Apêndice

Criação e desenvolvimento do SEPAC

O SEPAC (Serviço à Pastoral da Comunicação) de Paulinas é um Centro de comunicação fundado em 18 de outubro de 1982, em um contexto que buscava o espaço democrático para pensar a sociedade e a comunicação. Já no final do regime de exceção, havia grande movimentação em busca da liberdade de imprensa e para devolver a voz ao povo. A consciência da dominação do Norte e da situação de injustiça e aumento da pobreza na América Latina era tema de reflexão e busca de caminhos de solução entre as lideranças.

No capítulo sobre Comunicação Social, do documento de Puebla, em suas opções, define: "dar prioridade à formação na comunicação social, tanto do público em geral como dos agentes de pastoral em todos os níveis". Nas propostas pastorais, o documento lembra que "A tarefa de formação no campo da comunicação é prioritária" e elenca os vários níveis. Puebla traz uma diretriz aplicada ao contexto da criação do SEPAC.

> Educar o público receptor para que tenha uma atitude crítica perante o impacto das mensagens ideológicas, culturais e publicitárias que nos bombardeiam continuamente, com o fim de neutralizar os efeitos negativos da manipulação e massificação (PUEBLA, 1979, p. 342).

Neste contexto, as Irmãs Paulinas, cuja missão é evangelizar com a comunicação social, se perguntavam como responder a esses desafios, atualizar a missão e colaborar na formação de lideranças. Daí que o SEPAC foi criado como um espaço de reflexão e o objetivo de serviço. Foram projetadas duas linhas de atuação: produzir publicações populares e trabalhar na formação de lideranças que fossem multiplicadoras.

SEPAC: trajetória e desenvolvimento

O projeto SEPAC insere-se em um contexto mais amplo de Paulinas, cuja missão é evangelizar com os meios e linguagens da comunicação no espírito do Apóstolo Paulo. Essa percepção vem dos primórdios do século XX pela intuição do jovem Tiago Alberione de que a Igreja Católica deveria inserir-se e atuar no campo da comunicação, entendendo que a evangelização, de forma nova, se daria pela comunicação. Em 1926 escreveu: "O mundo tem necessidade de uma nova, longa e profunda evangelização" (ALBERIONE, 1926, p. 680). Para ele a pregação não deveria ser somente oral e nas igrejas, mas também pelas comunicações, na época, com a imprensa. Entendeu que as mulheres deveriam ser incluídas para atuar na redação, produção, trabalho tipográfico, imprimindo jornais, revistas, livros e divulgando-os, o que foi inovador em seu tempo.

No Brasil, as Paulinas montaram a primeira tipografia em 1934, iniciando as publicações com a *Revista Família Cristã*, um periódico mensal de formação e informação para as famílias. Ao longo do tempo trabalharam produzindo e editando livros, divulgando-os em livrarias e na visita às famílias e comunidades. Prepararam-se profissionalmente e se inseriram em novas formas e linguagens como a produção radiofônica, fonográfica, audiovisual e na Internet. A orientação de Paulinas agrega em seus princípios a "formação dos receptores", formação de líderes de opinião, publicações pedagógico-formativas respeitando "a linguagem e o uso crítico dos meios de comunicação". Dessa forma, na cultura organizacional de Paulinas, o mundo da comunicação e as mudanças fazem parte do cotidiano e de novas formas na missão.

Assim, a criação do SEPAC é fruto da busca de atualizar a ação missionária e evangelizadora com a comunicação, num contexto de mudanças, tanto na Igreja quanto na sociedade brasileira que buscava o espaço democrático para pensar a sociedade e a comunicação.

Período fundacional (1982-1988): pensar e fazer o caminho juntas

Para registrar a síntese da história do SEPAC, vamos caracterizá-la em três períodos: fundacional, de 1982 a 1988; consolidação, de 1989 a 2000; qualificação e continuidade, de 2001 aos dias atuais.

O SEPAC Paulinas nasceu num contexto de efervescência por parte da Igreja, que procurava aplicar as diretrizes do Concílio Vaticano II ao Continente latino-americano, mediante as orientações das Conferências de Medellín e, sobretudo, de Puebla, que traziam reflexões e desafios para renovar e atualizar a missão da Igreja e dos Institutos religiosos. Nos anos de 1978-1980, as Paulinas organizaram o curso de "Filosofia na ótica da Comunicação", no qual se discutiam esses desafios em seminários, buscando atualizar sua missão e colocá-la a serviço da população mais carente, com o foco na formação de multiplicadores, no contexto de Igreja e sociedade.

Segundo testemunho de Carmita Santana, aluna de Filosofia desse curso e diretora do SEPAC de 1990 a 1992, diante do contexto, os professores questionavam as Paulinas sobre a necessidade da inserção em meios populares e, naturalmente, as ideias iam circulando e se buscavam novas formas de expressar a missão. Adriana Zuchetto,[1] coordenadora do curso de Filosofia, relata que na mesma época emergia na Editora Paulinas a necessidade de publicar textos em linguagem popular

> para despertar a consciência crítica do povo, visando ajudá-lo a libertar-se das inúmeras opressões a que estava submetido. Com tal objetivo refletia-se na oportunidade de se abrir, na periferia de São Paulo, um Centro de Animação Popular, que colocasse a serviço do povo os meios de comunicação disponíveis. Por um lado, esse centro ajudaria na formação da consciência crítica das comunidades e grupos, e estes, por sua vez, poderiam colaborar, com os autores, na elaboração e revisão da linguagem dos textos populares [...]. Esse grupo de irmãs envolveu-se num processo de reflexão que culminará com a fundação do SEPAC, em 1982, algumas delas, pertenciam ao Conselho da Editora.

Entretanto, para a então diretora da Editora, Natália Maccari,[2] o embrião do SEPAC iniciou-se em 1981, quando a superiora provincial, Ir. Élide Pulita, a chamou para uma proposta: "Estamos para completar 50 anos de fundação no Brasil e gostaríamos de fazer algo no apostolado para marcar esta data, por exemplo, uma edição do Evangelho para ser distribuída gratuitamente". Seria destinado um valor para imprimir essa edição a ser distribuída aos pobres. Natália relata que, quando ouviu a proposta, imediatamente lhe veio em mente a ideia de que uma edição do Evangelho passaria, mas se fosse criada uma "fundação, uma organização", permaneceria e seria um destaque para Paulinas. Ela conta que a provincial também se animou, discutiu com o Conselho e fez os devidos encaminhamentos para viabilizar a iniciativa, entre eles, destinar uma irmã para coordenar e levar adiante o projeto. Para Maccari, "esta foi a semente: o SEPAC nasceu em comemoração aos 50 anos de Paulinas no Brasil; esta foi a conversa inicial, o lançamento da ideia.

---

1 Texto "SEPAC: 25 anos fazendo a diferença na comunicação", 3 de outubro de 2007 (uso interno).

2 Depoimento recebido por e-mail da Ir. Natália Maccari, Roma, sábado, 16 de fevereiro de 2013.

Desse momento em diante eu passei a levar adiante a iniciativa com a aprovação do Governo Provincial".

As discussões tomaram corpo, com propostas de diversas partes, e envolveram o Governo Provincial das Paulinas, a quem coube tomar a decisão. O momento era de muita inquietação, busca e desejo de encontrar novos caminhos para a missão, incorporando a opção da Igreja junto ao povo, em favor dos pobres, conforme relato da então superiora provincial.[3]

> Participei da fundação do SEPAC na qualidade de superiora Provincial, tomando, com o parecer do voto deliberativo de meu Conselho, a decisão última de fundação do SEPAC. Importante lembrar o horizonte da Província e da Igreja nos anos 80. A Igreja no Brasil estava no auge de sua atuação, particularmente como voz profética entre os pobres e como denúncia no campo político. Na Província havia uma efervescência na busca de caminhos novos de Evangelização. Havia nas irmãs, especialmente entre as mais jovens, uma forte inquietação e uma busca de caminhos efetivos para concretizar – através do carisma paulino – a opção preferencial pelos pobres. Algumas irmãs se orientavam mais para o contato direto com populações pobres. Houve experiências "piloto" durante as férias no Nordeste, e inserção parcial, aos domingos, e fins de semana em comunidades eclesiais de base, favelas e paróquias de periferia. Esse tipo de experiência não deu o resultado esperado. Quase simultaneamente nasceu a ideia ou intuição do SEPAC. Esta foi pensada e amadurecida por um grupo de irmãs que estudavam Filosofia. Foram incentivadas por vários professores. Elaboraram um primeiro esboço de projeto. O governo provincial acompanhou com interesse o apoio a essa instituição que finalizou com a criação do SEPAC.

Em seu relato, Pulita confirma a busca que a Editora Paulinas estava fazendo quanto às publicações populares: "duas irmãs visitaram os principais centros de comunicação da América Latina para estabelecer contatos, conhecer objetivos e funcionamento e recolher material" que pudesse ser traduzido ou adaptado para o Brasil. Segundo relato de Adriana, Natália levou as diversas ideias ao Governo Provincial e solicitou autorização para convidar como assessores para o projeto

> os professores Ismar de Oliveira Soares, presidente da UCBC, e Reinaldo Matias Fleury, da PUC-SP, que eram também professores do *Curso de Filosofia na ótica da Comunicação*, para colaborarem na elaboração do pré-projeto que incorporasse as ideias surgidas na reflexão das irmãs e suprisse a carência da Editora. O pré-projeto foi elaborado e evoluiu até culminar na indicação da Irmã Ivani

---

[3] Depoimento de Ir. Élide Pulita, sobre o SEPAC, em 1990, em vista da elaboração de um Dossiê. Provincial é o termo jurídico aplicado à autoridade cuja jurisdição compreende, neste caso, o Brasil.

Pulga para iniciar o novo centro. Os dois professores foram convidados a prestar assessoria pedagógica e a redigir os textos populares para a Editora.[4]

Esse processo envolveu as diversas sugestões que foram incorporadas, conforme testemunha Natália: "O SEPAC nasceu com dois objetivos específicos: produção de material popular para ser editado e dar cursos de formação na sede e fora da sede: nas paróquias, nas periferias".

A criação do SEPAC procurou dar uma resposta à situação da Igreja na formação de lideranças populares a partir da ótica dos pobres, da necessidade de produções populares, tendo em vista a linguagem e a situação social e da comunicação alternativa.[5] Ir. Élide Pulita recorda o objetivo geral: "desenvolver a pastoral da comunicação para a formação de agentes no campo da comunicação social". Ela relata que o Cardeal Dom Paulo Evaristo Arns, arcebispo de São Paulo, apoiou muito esta iniciativa.

Como já mencionado, o Governo Provincial nomeou Ir. Ivani Pulga, formada em Relações Públicas, para levar adiante o projeto, sendo a primeira diretora do SEPAC.[6] Ivani relata que o processo de fundação partiu de uma escuta da realidade, levantamento de dados, e por mais de um mês ficou conhecendo todos os centros populares de São Paulo, bispos, igrejas, para sondar a realidade, perguntando: "o que vocês esperam das Paulinas no campo da comunicação popular?". Conta que entre os professores do curso de Filosofia estava Ismar de Oliveira Soares, que passou a ser um colaborador e, desde o início, ajudou a pensar o projeto do SEPAC: "Como nós (Paulinas) somos da comunicação, pensaram de fazermos alguma coisa no campo da Pastoral da Comunicação popular". Sobre o projeto, voltado aos agentes pastorais, Ivani caracteriza:

> Era fazer com que eles participassem do processo, uma característica popular. Não nós fazermos para eles, mas eles participando do processo. E como a comunicação vinha de cima pra baixo, nós queríamos que eles produzissem a comunicação. Essa foi a semente forte do SEPAC. Chamar o povo para sujeito da sua história.[7]

---

[4] Texto de Adriana Zuchetto, "SEPAC: 25 anos fazendo diferença na comunicação", de 3 de outubro de 2007.

[5] A comunicação popular e alternativa é aqui entendida como a comunicação que vem do povo e alternativa ao sistema político. O grande empenho era capacitar, discutir a sociedade para produzir e fazer a leitura crítica das mídias.

[6] A entrevista com Ir. Ivani Pulga em 10 de outubro de 2011, concedida a Helena Corazza, é base para a reconstituição de alguns aspectos da história do SEPAC.

[7] "A consciência crítica nasce, desenvolve-se no solo pátrio da liberdade, onde o homem se compreende como sujeito da história, como captador e transformador da realidade" (Libanio, J. B., 1974, p. 33).

Nesta síntese de relatos observa-se que são muitos os atores e as circunstâncias que envolveram os primórdios do SEPAC, e reunindo-os, pode-se dizer que um "movimento" envolveu o pensar e o sentir da comunidade Paulinas, imersa nas discussões do contexto latino-americano, e este processo culminou com a criação de um centro de formação de lideranças na área da comunicação. Embora os relatos mencionem alguns grupos como as irmãs que faziam Filosofia, a equipe da Editora, assessores convidados a colaborar para a concretização do projeto, colhemos pela história oral que outras irmãs, entre elas estudantes de jornalismo e de outras áreas, bem como as responsáveis pela formação das futuras irmãs, também sonhavam com algo novo que pudesse favorecer a formação para a comunicação. O desejo de renovação e de dar uma resposta atual aos apelos da Igreja na América Latina com a missão paulina, para uma comunicação mais próxima do povo, foi um "movimento" coletivo no projeto fundacional. E neste processo, a autoridade competente acompanhou as discussões e tomou as decisões no momento oportuno, destinando pessoas para a sua realização. Dessa forma, torna-se claro que "O SEPAC surge nesse contexto e sob uma demanda bem específica: ser alimentador crítico de necessidades de grupos e comunidades" (PUNTEL, *Revista Intercom*, 1994, p. 156).

Princípios norteadores: formação de lideranças e publicações

Os princípios orientadores da criação do SEPAC foram a formação de lideranças e as publicações destinadas a discutir a comunicação na sociedade de forma crítica e capacitar agentes multiplicadores para a Pastoral da Comunicação. Outra característica do SEPAC é a parceria com universidades e instituições, primeiramente com a União Cristã Brasileira de Comunicação (UCBC), a Associação das Escolas Católicas (AEC) e, depois, com universidades para cursos de especialização e Institutos de Teologia.

A formação de lideranças adotou o embasamento teórico da comunicação dialógica e participativa, conforme Paulo Freire, do sujeito produtor de comunicação para ser multiplicador em sua comunidade. Está na gênese do SEPAC trabalhar a interface da comunicação com diversas temáticas como Comunicação e Liturgia, Comunicação e Catequese, Comunicação e Juventude, Comunicação e Dinâmicas de grupo. Cursos sobre Leitura Crítica eram programados, conforme relato de Ivani Pulga:

> Como era época da Censura, tínhamos a ideia de que podíamos despertar no povo a consciência crítica mediante a análise do sistema de comunicação, um sistema

de poder muito forte, era uma dominação ainda com resquícios marcantes da Ditadura. A partir daí foram montados alguns cursos na própria sede, com espaço para 40 pessoas, que extrapolava sempre por causa dos muitos participantes.[8]

Para discutir a sociedade e o sistema, o SEPAC se serviu de estratégias como a organização de eventos e publicações populares, que marcaram época. O I Ciclo de estudos com o tema "Comunicação e Poder", realizado de 16 de março a 29 de junho de 1983, no salão da Igreja São Judas, reuniu 120 participantes. Este foi o primeiro curso que buscou uma aproximação com a área de Pesquisa em Comunicação, e recebeu a denominação de "Comunicação e Poder". Com caráter de extensão universitária e duração de seis meses, às quartas-feiras à noite, contava com a participação de expoentes da Comunicação, como José Marques de Melo, Carlos Eduardo Lins da Silva e Regina Festa. A abertura foi feita por Dom Cândido Padin[9] (1915-2008), bispo emérito de Bauru (SP). Ao final, a Faculdade de Ciências e Letras de Moema concedeu certificado de extensão universitária aos participantes.

I Ciclo de Estudos – Comunicação e Poder

Arquivo SEPAC

COMUNICAÇÃO E PODER - Salão da igreja S. Judas
1º semestre de 1983 - 120 participantes

---

8   A primeira sede do SEPAC foi à Rua 15 de Novembro, 71, no centro da cidade de São Paulo.

9   Dom Cândido Rubens Padin, nascido em São Carlos (SP), em 1915, pertencia à Ordem de São Bento (OSB). Doutor em Filosofia, formado em Direito pela USP, lutou contra a Ditadura Militar e escreveu diversos livros, entre eles: *A Doutrina da Segurança Nacional e a missão da Igreja* (1973). Um dos fundadores da Juventude Universitária Católica (JUC), teve presença marcante na Comissão de Educação da CNBB e do CELAM.

Posteriormente as apostilas foram utilizadas para um curso de comunicação por correspondência para as Irmãs Paulinas, em todo o Brasil, nos anos de 1986-1987, dando-se assim, pela primeira vez, um significado de dimensão nacional para o trabalho do SEPAC. Entretanto, o maior significado do curso "Comunicação e Poder" foi o de representar a primeira apresentação pública do SEPAC.[10]

Comunicação e Feiras Culturais nas escolas

A partir de 1983, a equipe do SEPAC fez um trabalho de orientação sobre a comunicação nas escolas católicas, mediante Feiras Culturais, priorizando ações de comunicação com o tema da Campanha da Fraternidade de cada ano. No contato com a AEC, faziam-se projetos para o ano todo com o objetivo de desenvolver no educando a leitura crítica dos meios de comunicação. O SEPAC assessorava professores e alunos na produção e articulação da comunicação dentro da escola. Eram realizadas Feiras Culturais em colégios mediante palestras, análise de filmes, produções de jornal e boletins.

A equipe do SEPAC assessorou a criação e produção de diferentes formas de comunicação, conforme as temáticas escolhidas: criar um jornal, um programa de rádio, peças de teatro, programa de televisão. Os projetos envolviam o ano escolar e no final realizava-se uma apresentação

Apresentação das Escolas, Ginásio do Ipiranga, 1986

Arquivo SEPAC

---

[10] História do SEPAC. Dossiê, 1990, p. 19.

para um grande público, como aconteceu no Ginásio do Ipiranga em 1986. Entre as escolas que participaram dos projetos de comunicação, em 1983 e 1984, estão: Colégio Regina Mundi, Colégio Emilie Villeneuve, Colégio do Rosário, Colégio Madre Mazzarello.

Em 1985, Ano Internacional da Juventude, o SEPAC participou do I e do II Congresso Paulista da juventude cristã. Abaixo o registro de Ismar de Oliveira Soares:

> Ao conceber o projeto de assessoria de comunicação às escolas, alimentava, pessoalmente, a hipótese de que uma nova metodologia estava sendo requerida quando o propósito fosse levar o tema da "educação para a comunicação" para o ensino formal. Imaginava que melhor que promover uma prática linear de leitura crítica dos meios de comunicação no âmbito de alguma disciplina da grade curricular, seria mais adequado propiciar aos estudantes que procedessem a um mergulho no mundo da comunicação a partir de algum problema relevante para suas vidas, presente no currículo das disciplinas regulares. A experiência das "Feiras de Comunicação" do SEPAC antecipou em 17 anos o trabalho que o Núcleo de Comunicação e Educação – por mim fundado na USP, em 1996 – passou a propor às escolas públicas municipais de São Paulo, através do Educom.rádio, em 2001: o emprego de uma metodologia de educação para a comunicação de forma problematizadora, mediante a pedagogia de projetos, numa perspectiva construtivista e dialética. Afinal, uma experiência nitidamente educomunicativa![11]

Na documentação disponível foi encontrado apenas um relato de Soares sobre a interrupção do trabalho com as escolas católicas: "A crise econômica de 1987 com o Plano Cruzado, o congelamento de preços, com o conflito entre direções e magistério nos colégios, fez com que o ensino particular católico passasse por uma crise profunda. Como consequência todos esses trabalhos pedagógicos foram abandonados" (entrevista ao SEPAC, em 05/06/1990).

Publicações do SEPAC no período fundacional (1983-1989)

As publicações são uma linha de ação do SEPAC, desde seu projeto inicial. Nesse período, centraram-se nas produções populares com o objetivo de formar a consciência e alimentar as discussões sobre questões dos meios de comunicação, bem como sua influência na sociedade. O

---

[11] Entrevista concedida a Fábio Gleiser Vieira Silva, para dissertação de mestrado na Faculdade Cásper Líbero, com o título *A Igreja Católica e a comunicação na sociedade midiatizada: Formação e competência*, São Paulo, 2010.

que se buscava era uma comunicação democrática e participativa, e produzir a partir da realidade das pessoas, com linguagem acessível. Importante destacar que essas publicações são da Editora Paulinas, com a marca do SEPAC.

O processo e a Leitura Crítica da comunicação

A primeira publicação compreende o tema da NOMIC (Nova Ordem Mundial da Comunicação e da Informação) em versão popular, intitulada *Tramas da comunicação* (1983). O texto é de Regina Festa, que adaptou em linguagem popular o documento final do Seminário Latino-americano sobre "Igreja e Nova Ordem da Comunicação e Informação", realizado em Embu-SP, de 8 a 12 de outubro de 1982, com o apoio das entidades católicas de comunicação em nível nacional e latino-americano, da CNBB e da UNESCO.[12] Em 1984 o SEPAC iniciou a produção de uma série sobre "Leitura Crítica da Comunicação", com quatro títulos: *Para uma leitura crítica do jornal* (1984, 80 p.) e *Para uma leitura crítica da publicidade* (1988, 100 p.), de Ismar de Oliveira Soares, ambos com duas edições; *Para uma leitura crítica da televisão* (1984, 70 p.), de João Luís Van Tilburg, coordenador do Programa Recursos Pedagógicos da FASE (Federação de Órgãos para Assistência Social e Educacional), com cinco edições; *Histórias em Quadrinhos* (1984, 92 p.), organizado por Sonia M. Bibe Luyten, jornalista e mestra em Comunicações pela ECA/USP. Os livros levam a marca SEPAC-EP e UCBC-LCC, sendo que o projeto de Leitura Crítica foi uma coedição das duas instituições. As publicações serviam de base para cursos de formação para agentes pastorais e culturais, em nível ecumênico, nas comunidades das diversas regiões do país.

O conteúdo desta coleção é organizado em capítulos, de forma didática, para cinco a dez encontros. A linguagem simples e direta é voltada ao cotidiano das pessoas e apresenta um processo de análise crítica das produções culturais de jornais, televisão, histórias em quadrinhos e publicidade. A metodologia tem em vista facilitar aos líderes comunitários a análise dos produtos dos meios de comunicação, com atividades práticas e sugestões para educadores e agentes comunitários.

---

[12] Essa publicação não leva a marca do SEPAC, entretanto, a citamos aqui pela sintonia com as discussões do SEPAC naquele momento. É um caderno de 52 páginas, escrito em linguagem de história em quadrinhos com sugestões de quatro encontros para trabalhar em grupo, sendo o último para levantar propostas. Todo o estilo leva à tomada de consciência das "tramas da comunicação" e da necessidade de as pessoas tomarem posição como sujeitos do processo.

Em 1989 a Campanha da Fraternidade trabalhou o tema "Comunicação para a verdade e a paz", e o SEPAC organizou o livro *Como organizar a Pastoral da Comunicação*, coordenado por Ismar de Oliveira Soares, em coedição com a UCBC. Participaram 13 especialistas que trataram de temas ligados à compreensão do processo da comunicação; à comunicação no interior da Igreja, sobretudo, símbolos e a linguagem nas celebrações; à comunicação com a sociedade, como o uso dos meios de comunicação na pastoral; à educação para a comunicação, e ao método para a leitura crítica de produções em espaços informais, como família e comunidades.

Publicações sobre Leitura Crítica da Comunicação

| 1984 – 1 Edição | 1984 – 5 Edições | 1989 – 1 Edição | 1988 – 2 Edições |

1984 – 2 Edições

Paulinas, 1983. NOMIC (Nova Ordem Mundial da Comunicação e da Informação), em versão popular feita por Regina Festa.

Manuais para formar comunicadores populares de rádio

O SEPAC realizou publicações populares na área da produção radiofônica, em coedição com a ALER/Brasil (Associação Latino-americana de Educação Radiofônica), IBASE e FASE do Rio de Janeiro. Foram traduzidos dez manuais de produção radiofônica, com texto do cubano José Ignácio López Vigil,[13] especialista em comunicação popular, ilustra-

---

[13] Em 2003, Paulinas traduziu e publicou a obra de Vigil: *Manual urgente para radialistas apaixonados* (520 páginas), não analisado aqui por não se tratar de publicação do SEPAC.

dos no estilo de histórias em quadrinhos. Trata-se da série Manuais de comunicação, publicada em 1987, com os títulos: *A entrevista, Notícia popular, Áudio-Debate / Disco Debate, Entrevista coletiva, Noticiário popular, Rádio Revista de Educação Popular 1 e 2, O sociodrama, O riso (humor) na Rádio Popular, Adaptação de contos e mulher* e *Rádio Popular*. A tiragem impressa foi de cinco mil exemplares cada um, sendo que o manual *A entrevista* teve uma segunda edição. O propósito foi o de "oferecer informações básicas para aqueles que desenvolviam experiências práticas de comunicação"; e destinava-se "a entidades, movimentos de base, sindicatos, associações de bairro, igrejas e pessoas que desenvolviam experiências alternativas de comunicação, especialmente no campo do Rádio" (*A Entrevista*, 1987, p. 3). Observa-se que o autor quer falar a partir da realidade das pessoas e procura ajudá-las a tomar consciência de que a voz do povo foi roubada: "Não que o povo não tenha voz, nem que a tenha perdido: ELA FOI ROUBADA!". O objetivo é capacitar lideranças não para apenas aprenderem a fazer comunicação, mas para fazê-la a partir do lugar do oprimido.

Manuais de Comunicação ALER-Brasil, IBASE, FASE, SEPAC/EP – 1987

Nas publicações sobre Leitura Crítica e nos Manuais de Rádio, os autores são especialistas comprometidos com a proposta da comunicação popular. Muitos trabalharam e assessoraram grupos populares, o que lhes conferia a experiência e a proximidade na linguagem simples, direta e compreensível ao seu público, no processo participativo. Com as publicações, o esforço visava devolver a voz ao povo, *empoderar* as lideranças populares para que pudessem atuar. O sonho de que um centro popular na periferia pudesse "colaborar na elaboração e revisão da linguagem dos textos populares", conforme descrito por Zuchetto, permaneceu como horizonte. Conforme referenciais teóricos ligados à libertação do povo, entende-se que a educação popular, conforme Freire, "através de um processo participativo de aprendizagem, é importante para criar um 'espaço democrático' na sociedade e também para desenvolver o potencial que mobilizaria os setores populares a trabalhar pela transformação social" (PUNTEL, 1994, p. 259-260).

A terminologia "Leitura Crítica da Comunicação", cujo objetivo é analisar as produções dos meios de comunicação, muito disseminada na década de 1980, foi mais voltada a uma visão crítica da manipulação dos meios de massa, na conscientização pela denúncia e também capacitação na produção para meios alternativos e populares. Essa discussão estava focada na sociedade e na influência das mensagens dos meios de comunicação sobre as pessoas. A metodologia partia da análise da realidade, fornecendo elementos para a crítica e propostas alternativas.

Reflexões sobre o contexto de sociedade e a comunicação – 1960-1980

A iniciativa do SEPAC insere-se no contexto dos anos 1960 a 1980, que corresponde a um processo de mudança no interior da sociedade brasileira e latino-americana. O tema da Educação para a Comunicação circulou nos meios acadêmicos e nos Movimentos Sociais, buscando compreender o sentido da Comunicação Popular que se expressa, sobretudo, nas práticas, tendo em vista a construção da cidadania. Segundo Peruzzo, "é um momento da história em que o processo de antítese do *status quo* aparece com nitidez possivelmente devido à realidade sociopolítica, econômica e cultural concreta do país, na qual predomina a negação da plenitude da cidadania à maioria da população" (PERUZZO, 1995, p. 28).

Para Peruzzo, o conceito de Comunicação Popular e Alternativa, que circulava na década de 1980, não é simples de se definir e tem suas ambiguidades e conflitos. Pelo menos três significados são enumerados, como: expressões culturais de danças e festas, crenças e costumes; a compreensão popular em relação aos meios de comunicação de massa e sua dominação junto às camadas populares; e outra ligada às lutas pela melhoria das condições de vida. No caso do SEPAC, uma de suas linhas de ação foi trabalhar a consciência crítica ante os meios de comunicação de massa.

No período da Ditadura Militar, a comunicação popular mostrou-se como alternativa de um espaço estratégico para conscientizar e educar o público popular por meio de projetos, entre eles, o de "Leitura Crítica da Comunicação", diante da influência, sobretudo, ideológica dos meios de comunicação. Puntel assinala que havia um objetivo claro: "ajudar os comunicadores a terem uma ação prática na desmistificação da comunicação social, da comunicação de massa. Uma grande utopia, nascida das pessoas batalhadoras, habituadas a perceber as mudanças sociopolíticas e culturais da história" (PUNTEL, 2010, p. 253-264).

O período fundacional do SEPAC foi caracterizado pela elaboração de um projeto voltado à formação para a comunicação e à introdução da temática da Comunicação e Educação no ensino formal, aplicada a escolas católicas. As publicações procuravam ser coerentes com as discussões do tempo, como a Leitura Crítica da Comunicação e a capacitação do público popular para a produção. Foi um tempo de disseminação de ideias desenvolvidas em diferentes espaços educativos.

Período de consolidação (1988-2000)

Caracterizamos este segundo momento como de consolidação, pois com a chegada de novos membros na equipe do SEPAC – Carmita Santana e Elide M. Fogolari – em abril de 1988, ainda sob a direção de Ivani Pulga, algumas atividades realizadas até ali precisaram buscar alternativas; e, diante das demandas de formação mais consistente para agentes pastorais, a equipe começou a projetar cursos de maior duração. Com a mudança da sede do SEPAC para a Vila Mariana[14] ampliou-se a oferta, e diante da demanda para uma formação sistemática para agentes de pastoral, a equipe estudou novos projetos para sistematizar a formação no campo da comunicação que envolvesse teoria e prática.

Em 1988 e 1989 realizou-se, pela primeira vez, um curso Teórico e Prático de Pastoral da Comunicação em três módulos, num tempo propício em que a Igreja no Brasil refletiu e vivenciou o tema da Campanha da Fraternidade, "A comunicação para a verdade e a paz". O SEPAC colaborou na reflexão e elaboração dos textos de reflexão para as comunidades.

---

[14] Rua Joaquim Távora, 656 – Vila Mariana, São Paulo, SP.

Sistematização de cursos no SEPAC
e convênio com Universidade

Com a organização de um curso sistemático de comunicação, em três módulos, com duração de quinze dias cada um, a proposta foi a de sistematizar a teoria e a prática da comunicação em conteúdos teóricos de reflexão, pensando na história da comunicação, nas teorias e políticas, e em laboratórios de produção da comunicação, sobretudo, jornal, rádio, vídeo, publicidade e teatro. Segundo a coordenadora do curso, Ir. Élide M. Fogolari, o primeiro curso foi organizado para atender à demanda de formação tanto do público interno, irmãs e estudantes, quanto de lideranças pastorais que sentiam a necessidade de se capacitar para atuar junto às comunidades, emissoras de rádio, rádios populares: "Em 1988 nós iniciamos um curso de Pastoral teórico-prático de Pastoral da Comunicação com o objetivo de capacitar agentes de Pastoral da comunicação [...]. Esse curso, o primeiro, foi bastante proveitoso e tivemos agentes pastorais de 18 estados do Brasil".[15] No encerramento da primeira turma do curso teórico-prático em comunicação, em 1989, contou-se com a presença de Dom Paulo Evaristo Arns, Arcebispo de São Paulo.

Presença de Dom Paulo Evaristo Arns, 1989

Arquivo SEPAC

---

[15] Entrevista concedida ao SEPAC em 25 de maio de 1990.

Na configuração inicial, o curso era livre, sem certificado de universidade. Segundo a coordenadora, ele suscitou interesse e o desejo dos participantes de terem algum reconhecimento acadêmico: "no final do primeiro curso, por solicitação dos próprios cursistas, comecei a procurar várias Faculdades para estabelecer convênio". A partir da primeira experiência, buscaram-se Instituições de Ensino com quem o SEPAC/Paulinas pudesse fazer parceria. Depois de diversas tentativas, o convênio foi estabelecido com a USF (Universidade São Francisco) de Bragança Paulista, SP, de janeiro de 1990 até janeiro de 2001, com o Curso de Especialização teórico-prático em Comunicação Social, aprovado nas modalidades: pós-graduação *lato sensu* e extensão acadêmica.

Laboratórios do SEPAC – 1989

Jornal

Publicidade

Rádio

Vídeo

Arquivo SEPAC

A competência na formação de lideranças culturais e sociais

Nesse período houve uma reestruturação para adequar o curso às exigências acadêmicas, com a assessoria do prof. Dr. Mauro Wilton de Sousa, da ECA-USP. Na adequação do curso, as reflexões caminharam em duas linhas: o conceito de comunicação, mantendo o popular, e a diversidade do público que procurava os cursos. Ponderou-se também que, para pensar e produzir a comunicação, é preciso competência maior nas áreas de conhecimento, informação, onde as pessoas sejam competentemente críticas e não apenas denunciantes. A assessoria do professor Mauro Wilton de Sousa colaborou com o processo de reflexão para adequar o acadêmico ao popular.

> O popular não é necessariamente o antimassa, o antipadrão, nem também só a denúncia política da dominação dos Meios de Comunicação. Mas sim de como se dá o processo de reinterpretação de tudo isso na prática das pessoas e essa reinterpretação passa por uma melhoria da competência, mais do que propriamente do instrumental, ou seja, entender o processo. Nesse sentido a instituição é mais arejada, mais aberta. Eu vejo muito o SEPAC como um espaço de trocas.[16]

Nesta retomada e pensando o público que procurava o SEPAC, considerou-se que o popular é uma espécie de pano de fundo que sustenta, mas que é preciso garantir a competência e a qualidade na formação, e não simplesmente dar um verniz. A competência passa pelo conhecimento disponível na academia, tendo em vista a situação concreta das pessoas para quem o conteúdo é trabalhado. Não se trata apenas de fazer crítica ao modelo existente, mas de adquirir competência para recriá-lo, de ser uma mediação para o debate, ouvir demandas e buscar soluções de forma criativa. No entendimento do professor Mauro Wilton (1990), "Quem procura o SEPAC é o *mediador*. É o agente de pastoral, é o mediador daquela relação escolar com o aluno, portanto, é o professor. É o agente de pastoral, portanto, são os líderes da comunidade".

Estrutura do Curso de Especialização

O Curso de Especialização teórico-prático em Comunicação Social, em convênio com a USF, foi organizado de forma intensiva, em três módulos, de quinze dias cada, em período integral para atender às demandas dos agentes pastorais, grande parte vinda de diversos estados do Brasil. Visando atingir os objetivos da reflexão e o exercício prático de produção, a metodologia adotada é teórico-prática, ou seja, procura integrar as reflexões da comunicação com o exercício prático da produção nos laboratórios.

---

[16]   Entrevista concedida ao SEPAC em 22 de maio de 1990.

Curso de Especialização em Comunicação Social

Disciplinas teóricas	Disciplinas práticas	Disciplinas pedagógicas
História da comunicação	Laboratórios: Jornal impresso, Rádio, Vídeo/TV, Publicidade, Teatro, Internet	Pós: Metodologia da Pesquisa Científica Elaboração da monografia/orientação
Teorias da comunicação		
Políticas da comunicação	O cursista faz um laboratório por módulo	Extensão: Metodologia da pesquisa/orientação trabalho módulo

Os cursistas que participam do curso de pós-graduação *lato sensu* preparam uma monografia segundo as exigências da metodologia de pesquisa científica, com elaboração de projeto, pesquisa de campo, tendo um tema de comunicação. O curso de Especialização conveniado com a USF produziu 224 monografias sobre temáticas de Comunicação e Educação, Comunicação e Igreja e Análise da mídia.

A partir de 1993 há um avanço no SEPAC no sentido da linha de pensamento. A responsabilidade pela orientação dos cursistas de pós-graduação *lato sensu* e de extensão cultural passou para a responsabilidade de professoras da equipe do SEPAC.

Trabalhando em colaboração e parceria com universidades e docentes, a orientação pedagógica é assumida por membros da Congregação Paulinas com a devida competência. As publicações abertas ao diálogo entre fé e cultura, o diálogo e a interface da comunicação nas pastorais marcam o SEPAC a partir desta data.

Parceria com institutos de teologia, cursos livres e assessorias

A partir de 1993 o SEPAC organizou outros cursos livres e assumiu a disciplina de Educação para a Comunicação junto a Institutos de

Teologia. Membros do SEPAC participaram da equipe que elaborou o documento de orientação da CNBB sobre a Educação para a Comunicação, bem como da edição atualizada por membros da Equipe de Reflexão do Setor de comunicação da CNBB,[17] após a avaliação de professores de comunicação dos Institutos da formação nos seminários.

Desde 1994 o SEPAC estabeleceu parceria com o Instituto Teológico de São Paulo (ITESP), em São Paulo (SP), assumindo a disciplina Educação para a Comunicação, que trabalha a formação teórica e prática com estudantes de Teologia. De início programado e realizado em três etapas, com um curso intensivo de duas semanas, atualmente se realiza em dois semestres. O curso tem por objetivo desenvolver um programa básico de formação e está organizado em duas etapas: a primeira corresponde aos estudos introdutórios da Comunicação, comunicação e Igreja, ministrada no primeiro semestre letivo (de fevereiro a junho) no Instituto. A segunda etapa realiza-se no segundo semestre, nas dependências do SEPAC, num período de cinco dias, e compreende teoria e práticas laboratoriais, envolvendo a formação da pessoa para a "Oratória Sagrada". Este curso também foi ministrado por professores(as) do SEPAC a estudantes de Teologia no *Studium Theologicum* em Curitiba (PR), de 1994 a 2011.

Nesse período, o SEPAC organizou e realizou cursos livres, normalmente ministrados para atender as necessidades das comunidades e paróquias, entre eles o de Pastoral da Comunicação com metodologia teórico-prática, laboratórios de jornal comunitário, teatro e comunicação na liturgia. Outros cursos foram programados e realizados para aprimorar a comunicação pessoal, como Técnicas para falar em público, o acolhimento nas comunidades com o Curso de Acolhida.

Publicações – Pesquisas acadêmicas sobre comunicação

Na fase de consolidação do SEPAC, constata-se que não houve um projeto organizado de publicações, mas algumas temáticas isoladas, como a comunicação interpessoal e pesquisas de membros da equipe do SEPAC. Em 1991, *Comunicação interpessoal*, coordenado por Antonio Carlos Moreira, jornalista e professor, coleção "Educação para a Comunicação", com esta única edição. Estruturado em cinco capítulos,

---

[17] "Educação para a Comunicação nos Institutos de Filosofia e Teologia dos futuros presbíteros da Igreja no Brasil" (Paulinas/SEPAC, 2001).

o livro trata da pessoa na relação consigo mesma, no seu potencial co-municativo e na comunicação com os outros. A linguagem é acessível e cada capítulo traz no final "Questões para refletir", exercícios práticos que facilitam o aprofundamento.

Em 1994 foi publicada a tese de doutorado de Joana T. Puntel, realizada no Canadá, pela *Simon Fraser University*, intitulada "Igreja e a democratização da comunicação". Essa tese analisa a trajetória histó-rico-cultural da Igreja na área da comunicação, que volta o olhar para a democratização, o processo participativo no contexto da NOMIC e da Teologia da Libertação. Tornou-se referência nos estudos da comu-nicação e Igreja também nos cursos do SEPAC.

Em 2000, o SEPAC publicou "Comunicação e relações de gênero em práticas radiofônicas", dissertação de mestrado de Helena Corazza, da equipe do SEPAC. Essa publicação trabalha a partir dos referenciais dos Estudos Culturais e faz pesquisa de recepção com as rádios católi-cas do Brasil, com o tema sobre a questão de gênero nas emissoras de rádio católicas. A partir delas estuda a questão da categoria cultural de gênero nesta instituição, que reforça a visão da primazia do homem. Joana e Helena fazem parte da equipe, desde 1993, respectivamente, com a missão da orientação pedagógica e da coordenação dos cursos.

Publicações – Período de Consolidação

| 1991 | 1994 | 2000 |

A tese de Puntel sobre a Igreja Católica e a democratização da comunicação é um trabalho sólido, ainda hoje referência de pesquisa, que faz o percurso da busca pela democratização da comunicação uma bandeira assumida pelas igrejas cristãs, como a NOMIC, as lutas populares e os referenciais de teóricos latino-americanos. A dissertação de Corazza trabalha Comunicação e Relações de gênero em práticas radiofônicas da Igreja Católica no Brasil, com pesquisa de campo seguindo a teoria das mediações; pesquisa quantitativa não só das emissoras católicas, mas dos funcionários, homens e mulheres, bem como de sua formação e atuação. Buscou saber como numa cultura, pautada pelo homem, a mulher pode fazer a diferença. Em suas conclusões, constata que a mudança do olhar sobre a mulher se dá pela sua competência.

Período de qualificação e continuidade

Com uma proposta voltada para a reflexão, produção e educação para a mídia, o SEPAC promove a abertura ao diálogo, à espiritualidade, à interação e à participação nos processos comunicacionais. Propõe-se a educar para a comunicação à luz de discussões teóricas e exercícios práticos, tendo em vista a formação humana e cristã na sociedade tecnológica. Reafirma a missão de "capacitar lideranças culturais e sociais na área da comunicação, qualificando a atuação profissional, cultural e pastoral, na totalidade do ser humano".

Pioneiro no serviço à pastoral da comunicação, o SEPAC é hoje uma referência e se propõe a:

- *ser Espaço* de reflexão e educação para a comunicação;
- *ser Porta de entrada* para um jeito novo e criativo de evangelizar;
- *capacitar* com qualidade, competência e espiritualidade.

Reafirma o objetivo de despertar e desenvolver a capacidade de reflexão e de produção na linha pastoral e acadêmica, com enfoque na área da comunicação e cultura, e de oferecer práticas atualizadas quanto ao processo e ao uso da mídia contemporânea; além de desenvolver o potencial crítico e o espírito democrático para o exercício da cidadania no processo comunicacional. Com seu corpo docente, uma equipe formada por professores doutores e mestres provenientes das melhores universidades, especialistas e técnicos, garante as linhas de pesquisa e práticas, no exercício da criatividade, em sintonia com as demandas atuais da comunicação.

Considerando o ambiente em que as linguagens da cultura digital, progressivamente, impulsionam o ensino ante as mudanças culturais e tecnológicas, exige-se uma nova maneira de aprender e de ensinar, principalmente com a Internet. Longe de imaginá-la somente como "revolução" instrumental, sua incidência transformadora atinge os processos educacionais. É nesse novo ambiente que os cursos Sistemáticos[18] e Livres prosseguem sendo atualizados.

A partir de 2001 o SEPAC buscou nova parceria acadêmica com a PUC-SP (COGEAE), e o curso passou por algumas reformulações nas disciplinas teóricas, mantendo, porém, a mesma estrutura em relação aos módulos e laboratórios. Assim, sob essa coordenação compartilhada, foi aprovado como Curso de Especialização "Cultura e meios de comunicação: uma abordagem teórico-prática", em pós-graduação *lato sensu*[19]e Extensão Cultural.[20] Diante da evolução da Internet e convergência de mídias, o SEPAC criou o laboratório de Internet.

Paulinas/SEPAC – Laboratórios – 2015

Jornal

Internet
Publicidade

Arquivo SEPAC

Rádio

Vídeo
TV

---

[18] Denominam-se "cursos sistemáticos" aqueles que têm uma sistematização e mantêm convênio com alguma universidade ou faculdade e conferem certificado.

[19] Até 30/01/2016 foram produzidas 260 monografias no convênio SEPAC-PUC-SP (COGEAE), orientadas pela Profa. Dra. Joana T. Puntel.

[20] O Curso de Extensão Cultural no convênio com a PUC-SP (COGEAE), até 30/01/2016, conta com 200 alunos, sendo que em cada módulo há um trabalho de aproveitamento, orientado pela Profa. Dra. Helena Corazza.

Cursos sistemáticos e livres

Nesse período, há continuidade do projeto *Educação para a Comunicação* em parceria com o ITESP (Instituto Teológico de São Paulo), em São Paulo, que o SEPAC assume, desde 1994, para os estudantes de Teologia, realizado em dois semestres. A formação para a comunicação não só para agentes pastorais, mas para religiosos, sacerdotes e seminaristas, é recomendada nos documentos da Igreja: "durante a sua formação, os futuros sacerdotes, religiosos e religiosas devem conhecer a incidência dos meios de comunicação na sociedade" (PCCS, 1971, p. 63).

O Curso "Educação para a comunicação: leitura crítica", como Extensão Acadêmica, firmou convênio com o UNISAL (Centro Universitário Salesiano de São Paulo), em 2010. Trata-se de um projeto destinado a educadores(as) e que objetiva favorecer o conhecimento e a reflexão sobre as mudanças culturais que acontecem na sociedade atual, sobretudo pelo avanço das tecnologias de comunicação.

Tendo em vista a transversalidade da comunicação nas ações pastorais, o SEPAC realiza o projeto Pastoral da Comunicação e Comunicação na Pastoral com o objetivo de refletir a comunicação nas pastorais, para que seja considerada como processo e elemento integrador e articulador, e qualifica o modo de comunicar. Esse projeto tem em conta a comunicação como processo relacional não só entre as pessoas, mas entre as pastorais, e aponta novas fronteiras que precisam ser identificadas e acolhidas pelas lideranças, bem como a capacitação para ações evangelizadoras. A Pastoral da Comunicação enfoca o pensamento da Igreja, suas orientações para a organização e a prática da comunicação nas comunidades e dioceses. Programam-se cursos ou painéis com temáticas que possam ajudar os interessados em sua missão.

Diante da procura no aprimoramento da comunicação pessoal, seja no aspecto profissional quanto nas pastorais, a programação do SEPAC realiza o Projeto liderança na comunicação, que objetiva favorecer o desenvolvimento dos líderes sob diferentes olhares: relacionamento, gestão, relação com o público, laboratórios de produção.

A formação continuada quanto ao aprendizado das novas tecnologias realiza-se no Projeto Laboratórios, que compreende a capacitação prática no campo da produção com diferentes linguagens para exercer a comunicação no seu contexto do dia a dia, na área de rádio, *web* rádio, manejo e produção de conteúdos para a Internet, jornalismo e vídeo/TV, *web* TV. Faz parte da metodologia a apropriação do conhecimento das técnicas acompanhadas da reflexão teórica, tendo em conta o conhecimento das diferentes linguagens na atuação em diferentes mídias.

Assessorias

Em virtude das necessidades do mundo da Comunicação e da Educação na Igreja e outros setores, o SEPAC programa cursos intensivos a serem realizados em qualquer parte do Brasil. Atende a pedidos e assessora instituições como Regionais da CNBB, Dioceses, Institutos de formação para leigos(as), Seminários e comunidades que solicitam. Intensifica as assessorias também para grupos que querem refletir na interface Comunicação e Religião, Comunicação e Novas tecnologias, Educomunicação, entre outros.

Na perspectiva da interdisciplinaridade, membros do SEPAC colaboram frequentemente para a reflexão do processo da comunicação em outras áreas do saber, participando de comissões, mesas-redondas sobre diversos assuntos condizentes com a Igreja-comunicação e cultura, bem como participando em bancas de doutorado e mestrado em diversas universidades.

Publicações do SEPAC de 2003 a 2016

A partir de 2003, um novo projeto de publicações é iniciado no SEPAC com a Coleção: *Pastoral da Comunicação: teoria e prática*, organizada em três séries: *Manuais*, relativa aos laboratórios do SEPAC que podem ser utilizados na produção da comunicação em diferentes áreas; *Dinamizando a comunicação*, para dinamizar a comunicação em grupos e comunidades com temas que envolvem a Pastoral da Comunicação; *Comunicação e cultura*, suporte cultural para aprofundamento de temas voltados à pesquisa. Essas três linhas revelam a visão de comunicação do SEPAC, que inclui a reflexão em relação ao pensamento comunicacional contemporâneo, a produção nas diversas linguagens e a formação de lideranças trabalhando o modo de comunicar.

A série *Manuais*, com nove volumes, traz os conteúdos dos laboratórios de produção do SEPAC, oferecendo orientações de acordo com as exigências de linguagem de cada uma das mídias: *Jornal impresso, da forma ao conteúdo*; *Rádio, a arte de falar e ouvir*; *Vídeo, da emoção à razão*; *Publicidade, a criatividade na teoria e na prática*; *Internet: a porta de entrada para a comunidade do conhecimento*; *Mídias digitais, produção de conteúdo para a web*. Alguns buscam o aprimoramento da comunicação pessoal, como é o caso de *Teatro em comunidade*, *Oratória, técnicas para falar em público* e *Espiritualidade, consciência do corpo na comunicação*, que trabalham a pessoa que comunica na relação com si mesma, com o corpo e nas relações com o público.

Série Manuais

A série *Dinamizando a comunicação* visa favorecer processos de comunicação em grupos e comunidades com temas que envolvem a Pastoral da Comunicação e a interface com algumas pastorais, todos com autoria de especialistas na área. *Dia Mundial das Comunicações Sociais* (Maria Alba Vega, 2005); *Comunicação e família* (Ivonete Kurten, 2005); *Comunicação e liturgia na comunidade e na mídia* (Helena Corazza, 2005); *Pastoral da Comunicação. Diálogo entre fé e cultura* (Joana T. Puntel e Helena Corazza, 2007); *Homilia. A comunicação da Palavra* (Enio Rigo, 2010); *Geração NET. Relacionamento, espiritualidade, vida profissional* (Gildásio Mendes, 2012); *A comunicação nas celebrações litúrgicas* (Helena Corazza, 2015).

Esta série trabalha a interface da comunicação com diferentes áreas que perpassam a vivência cotidiana, a comunicação nas celebrações e a homilia, bem como a comunicação no interior das comunidades. Trabalha também a organização da comunicação na Igreja e o seu relacionamento com a sociedade, com a PASCOM. Desde 2012, estas publicações estão disponíveis também na versão E-book.

Série Dinamizando a Comunicação

 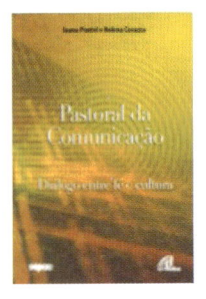 

A série *Comunicação e Cultura* aborda temas atuais, de reflexão acadêmica na sociedade midiática e em relação à Igreja, à fé, aos jovens, à informação, aos estudos de recepção e à Cibercultura. Temáticas que provêm de pesquisas, como da cultura midiática, Cibercultura, produção de conteúdo para mídias digitais, buscando o diálogo entre fé e cultura.

Esta série quer ser suporte cultural para aprofundamento de temas voltados para a pesquisa em diferentes áreas. São publicações monotemáticas de pesquisadores sobre temas específicos: *Cultura midiática e Igreja. Uma nova ambiência* (Joana T. Puntel, 2005 – 2. ed. 2008); *Comunicação. Diálogo dos saberes na cultura midiática* (Joana.T. Puntel, 2010). Essas duas publicações estão disponíveis também em E-book. *Comunicação eclesial: utopia e realidade* (José Marques de Melo, 2005); *INFOtenimento. Informação + entretenimento no jornalismo* (Fábia Angélica Dejavite, 2006); *Recepção mediática e espaço público. Novos olhares* (Mauro Wilton de Sousa Org. 2006); *Manipulação da linguagem e linguagem da manipulação* (Claudinei Jair Lopes, 2008); *Cibercultura sob o olhar dos Estudos Culturais* (Rovilson Robbi Britto, 2009); *Jovens na cena metropolitana. Percepções, narrativas e modos de comunicação* (Sílvia H. S. Borelli, Rose de Melo Rocha, Rita de Cássia A. Oliveira, 2009); *Fé e Cultura. Desafio de um diálogo em comunicação* (Celito Moro, 2009); *Igreja e sociedade. Método de trabalho na comunicação* (Joana T. Puntel, 2015).

Série Comunicação e Cultura

A importância da reflexão e da pesquisa para mediadores culturais

Para qualificar a atuação pastoral e educacional, faz-se necessária a aquisição da competência reflexiva e prática para *ser* e *atuar* nas diversas áreas. Vivendo em uma sociedade em que predominam o imediatismo, a velocidade, o consumismo, a aceleração da vida com suas consequências, sobretudo no campo das relações, o SEPAC percebe o nascimento de um novo ser "antropológico", ou "novo sujeito", que surge com novas linguagens, inquietações e conceitos que desafiam o processo da comunicação hodierna.

Na sua vocação de "formador", o SEPAC vai além do perceber as mudanças e revisita continuamente os paradigmas em transformação na sociedade, desenvolvendo, com seus estudantes, pesquisas científicas que levam à reflexão na construção da verdadeira cidadania, na evangelização atualizada, capaz de habilitar um diálogo atual e competente entre fé e cultura. Neste sentido, voltam-se os temas das monografias e trabalhos de conclusão dos cursos sistemáticos do SEPAC.

Prêmios e homenagens

Ao longo destes 30 anos, o SEPAC recebeu muitos reconhecimentos de pessoas e grupos que por lá passaram, e alguns prêmios e homenagens. Entre eles o Prêmio Mariazinha Fusari de Educomunicação. Para a instituição, o maior prêmio é o reconhecimento daqueles que já passam por seus cursos. "Nunca tivemos a preocupação de nos inscrever para prêmios. Quem de fato nos dá o reconhecimento são os alunos, as comunidades", destaca a direção do SEPAC.

O prêmio Mariazinha Fusari de Educomunicação é o primeiro da área criado no Brasil, idealizado pelo Núcleo de Comunicação e Educação (NCE) da Universidade de São Paulo (USP), concedido a instituições e projetos de Educomunicação.

O prêmio foi entregue pelo coordenador do NCE, Ismar de Oliveira Soares, durante o IV Simpósio Brasileiro de Educomunicação, realizado no Auditório Paulo Apóstolo, das Paulinas, em outubro de 2012, pelos 30 anos no Brasil de serviços pioneiros na educação para comunicação. Outro prêmio foi concedido por ocasião do Curso Latino-Americano de Marketing, realizado por Paulinas em 2003, na sede do SEPAC. O Troféu Signis Brasil também foi uma homenagem pelos 30 anos de serviço evangelizador, construindo uma cultura de paz.

Prêmio Mariazinha Fusari – IV Simpósio Brasileiro de Educomunicação

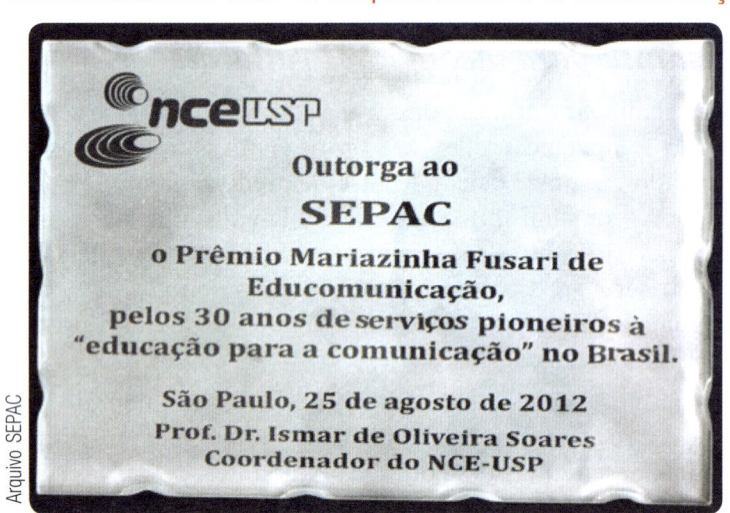

Na visão da direção do SEPAC, "a preocupação maior é formar pessoas. Ver estes alunos engajados e bem-sucedidos também é um reconhecimento. O trabalho do SEPAC é como um grão de mostarda, cresce silencioso e produz frutos em ações de intervenção, como 'intelectuais orgânicos'". O SEPAC constata que o desenvolvimento da comunicação na Igreja e os frutos na vida de cada um têm a contribuição da equipe do SEPAC, que colabora neste processo comunicacional da Igreja na sociedade.

Troféu Signis Brasil – Reconhecimento pela atuação do SEPAC.

Localização geográfica

O SEPAC carrega consigo o espírito de itinerância, seja nos espaços ocupados por diversos lugares para acolher melhor as pessoas e os cursos, seja porque as irmãs e profissionais se deslocam para ir ao encontro de grupos, atendendo a pedidos, com as assessorias, conforme descrito.

Locais de funcionamento do SEPAC

Sonia Mele

Auditório do SEPAC
Curso de Especialização
Cultura e Meios de Comunicação

Registro histórico da marca

A marca do SEPAC seguiu a mesma evolução da Editora Paulinas. Em 1994 assume expressão do logo internacional. Os 30 anos foram marcados com o logotipo próprio, sinalizando o dinamismo da comunicação.

Placa inicial – 1982

1987-1988

1990-1994

A partir de 1994

Logo comemorativo de 30 anos – 2012

Esta síntese do projeto SEPAC, contexto, missão e objetivos no campo da formação de lideranças na área pastoral e educativa, quer ser um registro, ainda que limitado, de uma história coletiva, um movimento, com muita dedicação e resistência, muitos atores, que caracterizamos como "intelectuais orgânicos".[21]

---

[21] Site: www.paulinas.org.br/sepac.

Impresso na gráfica da
Pia Sociedade Filhas de São Paulo
Via Raposo Tavares, km 19,145
05577-300 - São Paulo, SP - Brasil - 2016